死亡是什么

雷爱民——著

北京大学出版社
PEKING UNIVERSITY PRESS

图书在版编目（CIP）数据

死亡是什么 / 雷爱民著 . —北京：北京大学出版社，2020.9

ISBN 978-7-301-31516-3

Ⅰ . ①死… Ⅱ . ①雷… Ⅲ . ①死亡哲学 Ⅳ . ① B086

中国版本图书馆 CIP 数据核字 (2020) 第 146826 号

书　　名　死亡是什么
　　　　　SIWANG SHI SHENME
著作责任者　雷爱民　著
策 划 编 辑　杨书澜
责 任 编 辑　闵艳芸
标 准 书 号　ISBN 978-7-301-31516-3
出 版 发 行　北京大学出版社
地　　址　北京市海淀区成府路 205 号　100871
网　　址　http://www.pup.cn　新浪微博：@ 北京大学出版社
电 子 信 箱　minyanyun@163.com
电　　话　邮购部 010-62752015　发行部 010-62750672　编辑部 010-62750673
印 刷 者　北京中科印刷有限公司
经 销 者　新华书店
　　　　　787 毫米 ×1092 毫米　32 开本　7.75 印张　145 千字
　　　　　2020 年 9 月第 1 版　2021 年 12 月第 2 次印刷
定　　价　35.00 元

目录

导言

死亡之谜

死亡是涉及人类生前、死亡过程和死后的认知图式、信念信仰和意义体系。

迄今为止，虽然科学技术发展迅猛，但是对于人类来说，死亡仍然是个谜，不过，死亡之谜值得我们苦苦探寻谜底，因为生死相依，明了死，正是为了更好的生。

当我们说“死亡是什么”时，并不是说某人一定揭开了死亡的谜底，了解了死亡的全部真相，而是说他（她）找到了一个可能的谜底或答案。没有人敢宣称掌握了死亡的全部真相，只要不是死而复活的人，就没有理由认为自己掌握了死亡的真相；即便是有人相信死而复活的人存在，这种人也可能会忘记死亡的过程，就像中国民间传说中所说的喝了“孟婆汤”会忘记过往的爱恨情仇一样，或者像柏拉图《理想国》中描述的灵魂进入肉身时会忘记过往的经历一样。大多数时候，人们还是相信活着的人是没有经历过死亡的。因此，当我们——每个未曾死过的人，在探讨死亡是什么时，其实只是在表达自己的看法，或者更明确地说，是人们在找寻死亡之谜时给出的一个谜底。正因为如此，那些见过许多死亡事件的人，比如医生、殡葬从业者、神职人员等，他们并不比普通人更有资格谈论死亡。死亡对于每个人来说都是同样地令人迷惑不解、困难重重，都需要人们去探索和了解。死亡是人们必须要去猜的人生谜语，至于谜底是什么，只要我们去猜了，想要的答案自然会慢慢浮现出来。有些人因为见证过太多他人的死亡，或者处理过太多死亡的事情，就认为自己掌握了死亡的真理，这绝对是狂妄自大、不知天高地厚的表现。死亡越是探索，越是让人感到幽深难测，甚至无边无际，我们理当谦逊地低下头，诚惶诚恐地面对没有经历过的死亡，并敬畏于它的神秘莫测。

尽管死亡令人感到困惑不解、神秘莫测，但是人类对死亡这个谜语却十分感兴趣，总是有人前赴后继地试图探索其中的奥秘，总是希望一下子揭开死亡的谜底，看看死亡到底是怎么一回事。如果说生命总会与死亡相遇，那么生与死的奥秘应该就是人类最需要了解的，可是，纵观人类历史，似乎生与死的问题大多数人并不是那么了解，或者不愿意了解，人一出生就紧随其后的死亡有时更是被人们拒之门外，敬而远之。当死亡被排除在生命之外时，死亡就变得凶险无比、恐怖非常，甚至无法理解，也不能接受。探索死亡是什么，首要的是靠近死亡，直面死亡，不再把死亡拒斥在生命的经历之外。哪怕死亡是个深渊，当我们凝视它时，多少会发现死神回眸的瞬间。当死神回眸之时，足以让人颤抖、震撼、开悟，甚至让人从卑琐的人生境遇中幡然醒悟、豁然开朗。死亡是个神秘的老师，他现身的时候，不经意间就会改变一个人一生的想法。探索死亡的人，永远是死亡的学生，虽然我们不知道死亡这个老师的真正底细，但是，当我们发现他留下的一些足迹时，就可以寻觅到死亡给予的一些启示，这些启示或许就是我们追寻死亡之谜的收获，也是我们向死亡学习时获得的知识。

人类从古至今一直在寻求死亡之谜的谜底，无论如何，人们从死亡事件的蛛丝马迹中获得了不少关于死亡的答案，有人说：死亡就是肉身的解体，更明确地说是心肺功能或大脑功能的停止；也有人说，死亡就是灵魂离开了肉身；还有人说，死亡是人们生活世界的解体，等等。诸如此类的答案，或许有的已然成为常识，但是，关于死亡的众多答案，迄今为止没有一个能够被所有人认同和接受。因此，死亡是什么，仍然是个多元的问题，人们从什么角度出发去理解死亡，就可以得到什么样的死亡观。不过，无论抱持什么样的死亡观，人们总是能够说出一些他们相信的理由或者关于死亡的图景和意义等。简言之，死亡的答案是多元的、开放的、包容的，没有人可以宣称他关于死亡的答案是唯一的，而别人关于死亡的答案就是不对的。我们应该鼓励人们去猜死亡这个谜语，谜底任由人们构想，只要有人去猜了死亡这个谜语，相信他必定有所收获。死神从来不吝啬给予猜谜人以智慧、成长与温暖！

总有人担心：人们关于死亡的答案过于离奇、荒诞、多元，这样是否会带来生死观的混乱甚至社会的混乱？这种担忧多半是出自没有猜过死亡之谜的人们，而真正接受过死亡教诲、探究过死亡谜底的人总是有着同样的底色：那就是热爱生命，敬畏生灵，对人、对物充满慈爱悲心。因为死亡教给人们的从来不只是恐惧、痛苦、悲伤，还有对生命的珍惜和关爱，对世界的留恋和热爱，对人世的贡献和付出。也就是说，死亡教导过的人，他们尽管有不同的死亡图景和关于死亡的理解，但是，他们其实是同一种人，甚至有着相似或相同的人生经历和看法，这些看法都是来自猜测死亡之谜时死亡赠予的智慧和力量。简言之，没有猜过死亡之谜的人永远都无法理解接受过死亡教诲的人是如何看待生命、看待他人、看待世界的，二者看到的是不同的世界，而死亡教给人们的可能更接近真理、智慧，更令人坚信不疑。

如果没有人可以宣称他的死亡认知是唯一的，那么，每个人都可以是死亡的探索者、猜谜人、受益人、代言人。我们可以向已经受到过死亡教诲的人学习，不过，最终我们要依靠自己，坚定自己的死亡认知，即建立关于生前、死亡过程和死后的认知图式、信念信仰和意义体系。如果没有人能够代替我们死亡，那么，也就没有人可以主宰我们的死亡信念。我们相信死亡是什么，实际上就是相信我们自己是谁，我们的来时路在哪里，我们的过往如何，这些都是猜测死亡之谜时死亡教给我们的人生智慧。

死亡是个令人生畏的谜，你也许恐惧它、回避它、厌倦它、抛弃它，但若是不去亲近它、直面它，或许就失去了获得人生智慧的绝佳机会……在今年新冠肺炎疫情来势汹汹的时候，许多人身陷险境，每个人都成了病毒的易感人群，人们已经没有机会装作看不到死亡，死亡就像一道巨大的闪电，划过每个人的心房，逼迫人们凝视那早已陪在身旁的死亡。此时的死亡不再像一个谜语，让人们有时间慢慢地猜出谜底，而是像一把尖刀，直接划破人们脆弱的防御心理，把人拖到死亡现身的情境之中。死亡来得如此猝不及防，许多人以为这不是死亡的常态，而是疫病下死亡的特殊情形，但是，我们怎么知道明天特殊情形不会重来，就像经历过“非典”疫情的人怎么会想到十七年后新冠肺炎疫情会发生？我们又如何肯定明天的死亡就是常态呢？死亡就像一个谜语一样，令人捉摸不透，不过，一旦人们放弃对它的探索，那么，死亡必定会显得更加凶险、更加难以理解、更加难以承受……

第一章

自然生命的结束

人类虽贵为万物之灵，但是也如同其他生物一样，经历出生、死亡，这是大自然的基本法则、共同的生命现象。自然生命的结束是人类死亡的基本含义。

人类虽然与其他生物一样经历出生、死亡，但是，人类自然生命的结束却因为人类拥有精神现象而显得有所不同，甚至有点复杂。

自然生命迹象的消失是人类死亡的一个方面，人类死亡首先是医学告诉我们的死亡，生命迹象的消失在现代医学上有着相对明确的界定与具体的描述方法，什么是死亡？换句话说，其实就是需要医学告诉我们：死亡到底是什么。通常，人死之后，医院会给出一个死亡证明，上面会注明个人信息、死亡原因以及时间等相关内容。这个证明是个非常重要的文书，它涉及个人身后事的料理、社会关系的变更、遗产的分配等，只有建立在死亡证明出具的基础之上，死亡才成为一个社会普遍认可的事实。

人类的死亡除了自然生命迹象消失之外，与之相伴的还有精神现象、自我意识等专属于人类的东西的消失、消解。这涉及人的临终心理变化以及死亡发生过程中人的意识变化等问题。人类精神现象的消失并不像人们想象的那样：在死亡发生的那一瞬间，人就什么都不知道了、什么意识都没有了。生死学研究发现，人类死亡的发生其实有一个过程，人的味觉、视觉、听觉、意识的消失不是一刹那间发生的事情，而是持续发生的过程，它就像人的生理现象一样，虽然某人被医生宣告了死亡，但是他的毛发可能还会继续生长。也就是说，死亡并不是生命的骤然结束，而是一个从生到死的过程，即死亡是从生到死的过渡，是一个连续进阶的过程，是一个物质从量变到质变的过程。人类死亡是一个过程，这个过程需要得到人们的理解和尊重，因此，在死亡事件上我们应该给逝者一定的时间和空间。人类不少传统丧葬礼仪都会为逝者留下充足的时间，短则 3 天，长则 7 天，甚至更久，在此之后人们才开始处理逝者的遗体。这是人类尊重死亡作为过程的体现，它也告诉我们要尊重死亡的基本规律。

第一节 两种死亡

心肺死亡

长期以来，一个人是否死了，人们广泛认可和接受的评判依据是他的心跳、呼吸是否停止了，因而，以心跳、呼吸停止为标志的心肺死亡是人类历史上判断人死亡最常见的标准。通常，当一个人的呼吸、心脏、脉搏均告停止，瞳孔放大，这就意味着某人自然死亡了。在中国，目前人们仍然沿用这种传统的心肺死亡标准，在整个社会的认知体系中，评判一个人死亡的主要依据仍然是人的心肺功能是否停止。心肺死亡标准对于人们识别个体的生命迹象是比较便捷的，只需感受此人是否有呼吸、有心跳、有脉搏，大致就可以评判某人是死是活，甚至人们还可以依据这些基本特征是否良好而断定个体生命是否有危险。

心肺死亡标准历史悠久，易于辨识和应用，目前仍然是中国法律认可的死亡评判标准；但是随着人类医学科学的发展和进步，以及新的生命现象的出现，死亡的评判变得复杂起来，例如，人的心跳、呼吸、血压等生命体征可以通过一系列药物和先进设备加以逆转或长期维持，但是从大脑功能来看，死亡已经不可逆转地发生。如此一来，心肺死亡标准受到了巨大冲击。20 世纪 40 年代以来，由于医学工程技术的广泛应用，心肺复苏术不断提高，停止了心跳和呼吸的人，仍然可以通过复苏术得到救治，如此一来，似乎心肺功能的停止不一定意味着死亡了。这些新变化使得传统的心肺死亡标准开始面临新的挑战，“心跳停止”“呼吸消失”和“血压为零”似乎已经不足以断然判定某人是否已经死亡。心肺功能依赖人工设备竟然可以维持一段时间，脑细胞已经广泛坏死的病人，由于人工呼吸机的应用，仍可维持心跳和呼吸，并持续一个相当长的时期，可是，当呼吸机一旦撤去，呼吸、心跳就立即停止。

医学上的新进展使得人们开始重新思考死亡的评判标准，到底一个人怎样才算死亡了？没有呼吸、没有心跳作为评判死亡的标准似乎并不精确，在一些特殊的时刻甚至会误导人们，比如假死现象，一个人遭遇重创或其他突如其来的事件而导致心肺功能骤然停止，从心肺死亡标准来看，极有可能让人们误认为此人已经死亡，可是，有时候事实并非如此。在一些电视剧、电影中会有某人在葬礼上突然活过来了的情节，这种死而复生的假死现象在人类历史中确实存在，并不完全是戏剧加工、胡编乱造，原因就是死亡判断上出了问题。当代社会，对于一些突然遭到重创或者突发重病的人来说，进 ICU 病房进行心肺复苏已是司空见惯，心肺功能的骤然停止在特定情况下是可以改变的。也就是说，人类长久以来使用的用心肺功能是否停止来评判死亡的标准受到了巨大挑战，人类需要重新寻找一种更为精确、更为合理的死亡评价标准来描述死亡。否则，人们甚至对一个人是否已经死亡都无法确定了。

脑死亡

脑死亡标准是直接应承心肺死亡评判标准无法解决的问题而出现的。同时，脑死亡标准的出现也与神经科学、脑科学的发展分不开。简言之，没有脑科学的发展作为基础，即人类对大脑的研究没有深入到今天的地步，人们根本无法想象大脑的复杂程度，更不可能提出脑死亡标准。

科学家研究发现：如果人的脑干发生结构性损伤破坏，无论采取何种医疗手段，都最终会演变为心脏死亡。也就是说，大脑的功能停止以后，人体功能会呈现出不可逆转的停止态势，即大脑功能停止以后，心肺功能必然会停止。可是反过来，心肺功能停止，却未必意味着大脑功能停止。因此，与心肺死亡相比，科学家认为从脑功能角度来描述死亡会更科学，标准也更为可靠。

“脑死亡”概念首先产生于法国。1959 年，法国学者 P. Mollaret 和 M. Goulon 在第 23 届国际神经学会上首次提出“昏迷过度”的概念，并开始使用“脑死亡”一词。1966 年美国医学界提出脑死亡是临床死亡的标志，在 1968 年的第 22 届世界医学大会上，美国哈佛大学医学院脑死亡定义审查特别委员会提出了“脑功能不可逆性丧失”可以作为新的死亡标准，并制定了世界上第一个脑死亡诊断标准。同年，世界卫生组织建立的国际医学科学组织委员会规定了新的死亡标准，其基本内容就是哈佛医学院提出的脑死亡标准。

哈佛大学医学院提出的脑死亡即脑干死亡。它提出的脑死亡标准要求人体在 24 小时观察时间内持续地满足以下条件：1. 无自主呼吸；2. 一切反射消失；3. 脑和心脏的电活动静止。后来，美国还制定了脑死亡四条标准并对死亡作了定义，脑死亡的四条标准是指：1. 机体对各种刺激无反应；2. 机体的自发运动和自发呼吸消失；3. 各种反射消失；4. 脑电波平坦。为力求既妥当，又有利于器官移植，这个标准后来几经修改，一度成为国际上通行的脑死亡标准。不过，在此之后，法国、英国、德国、瑞典、日本也相继提出了各自的脑死亡诊断标准。在不同国家，人们对脑死亡的评判标准有所不同，到目前为止，除部分欧洲国家采用的是脑干死亡概念，世界上大部分国家都采用了全脑死亡概念。脑死亡定义虽然在世界各国有着不尽相同的版本，但是，采用脑死亡作为新的死亡评判标准这个基本共识已然形成。

所谓脑死亡，就是指包括脑干在内的全脑功能完全地、不可逆转地停止，而不管脊髓和心脏的功能是否存在。换句话说，脑死亡是指脑神经细胞广泛而永久地丧失全部功能，范围涉及大脑、小脑、脑桥和延髓。发生全脑死亡以后，即使仍有残余心跳，脑的复苏也不再可能，因而个体的死亡已然发生，死亡不可避免和无法逆转。脑死亡的共识虽然形成了，但是不同国家和地区对于如何定义脑死亡仍有分歧。美国、西欧和日本为了将脑死亡付诸立法，先后报告了 30 多套标准。就世界范围而言，迄今未有完全统一和一致的脑死亡标准。尽管如此，无论是全脑死亡标准、还是脑干死亡标准，从医学角度制定的脑死亡的诊断标准，正式标志着人类开始采取新的死亡判断标准，并以之取代传统的心肺死亡标准。

从脑死亡角度出发，人类开始明确从大脑功能的衰退和消失来描述和定义人的死亡。通常，当人进入濒死期，即临终期时，人脑干以上的神经中枢功能将丧失或深度抑制，而脑干以下的神经功能尚存，但是，由于失去上位中枢神经的控制而出现紊乱状态。这个阶段中的人常常表现出神志不清、循环系统和呼吸衰竭，代谢紊乱、反射迟钝、肌张力丧失等症状。当人进入临床死亡期时，延脑外处于深度抑制和功能丧失的状态，各种反射消失，呼吸和心跳停止。最后，当人进入生物学死亡期时，即死亡过程中的最后阶段时，自大脑皮质开始整个神经系统以及其他各器官系统的新陈代谢相继停止，整个机体出现不可逆的变化，人已经不能复活，但人体的个别组织在一定时间内仍可有极微量的代谢活动。总之，大脑功能的丧失已经成为人类死亡评判的新标准，脑死亡标准相对精确地描述了死亡发生的过程，而且，它更为确切地标明了死亡不可逆转的特征：脑功能的丧失意味着人类生命机体不可逆转地解体，包括人的心肺功能之失去。

在中国，脑死亡标准并未正式立法，不过在医学实践中已然认可了脑死亡与心脏死亡两个标准同时并行。但是，在死亡判断中脑死亡标准越来越重要。在中国现行的脑死亡评判标准中[1]，根据北京市卫生局提供的标准，对于临床上虽有心跳但无自主呼吸，脑功能已经永久性丧失，最终必致死亡的病人，称之为脑死亡，其诊断依据有如下几点：1. 深昏迷，对任何刺激无反应；2. 自主呼吸停止；3. 脑干反射全部消失；4. 阿托品实验阴性；5. 脑电图呈等电位。上述标准中1—3项为必备条件，且在严密观察和反复监测下判定（至少

1 2003年，《中华医学杂志》等主要医学杂志刊登了原卫生部脑死亡判定标准起草小组起草的《脑死亡判定标准（成人）（征求意见稿）》和《脑死亡判定技术规范（成人）（征求意见稿）》，广泛征求医学界对脑死亡判定标准的意见。该小组委托首都医科大学宣武医院经过5年的临床实践与验证，对脑死亡判定的可行性和安全性进行了深入扎实的研究，并结合实践提出了修改意见与建议，发布了完善后的《脑死亡判定标准（2009年版）》和《脑死亡判定技术规范（2009年版）》。2012年原卫生部委托首都医科大学宣武医院成立“卫生部脑损伤评价中心”，负责脑死亡标准修订及相关医疗人员的培训等工作。2013年，该中心在《中华神经学杂志》上发布了《脑死亡判定标准和技术规范（成人质控版），以及《脑死亡判定标准及技术规范（儿童质控版）》。这为进一步推广实施脑死亡判定奠定了医学技术基础。所以，脑死亡判定在技术层面已无问题，医学临床层面也早已广泛应用，法医学教材上也认可脑死亡。

持续24小时），并排除中枢抑制药、肌肉松弛剂、毒物和低温因素的影响。以脑死亡标准来判定死亡在中国的医疗实践中已经普遍运用，中国版的脑死亡标准也已出现，医学界不少专业人士更是呼吁国家进行脑死亡立法，但是迄今为止，脑死亡立法仍有待进一步落实。

脑死亡标准的提出尽管没有让传统的心肺死亡标准消失，然而，从全世界范围来看，脑死亡标准越来越成为人们愿意接受的死亡评判标准。因为脑死亡更精确、更有说服力，也与当今脑科学对大脑作用的研究和认识相吻合。脑死亡标准虽然比心肺死亡标准更为精确，但是脑死亡判定需要精密的医疗仪器和系统的医学知识来进行确认，因此，脑死亡相对普通人来说，不如心肺死亡那样直观，也更难以直接判断。换句话，从脑死亡概念提出开始，人类的死亡评判就开始变成一个专业的事情，亦即人是否死亡成为医生和医疗机构专业认定的事情。虽然所有人都会经历死亡，但是最后似乎只有少数专业人士才能够评判死亡是否发生了。这种现象的出现跟社会专业分工相关。尽管只有少数人可以认定死亡，但它并不妨碍脑死亡概念成为社会接受的新标准。新的死亡标准认定相对复杂，需要借助其他方式使之简化，通俗易懂，一些国家已经通过立法的方式使脑死亡标准通俗化，并使之成为全社会评判死亡的权威标准。

死亡判断首先是个医学问题，但是，它又不只是医学问题，而是在人们的社会生活中牵涉甚广，尤其像司法实践上认定死亡是否发生以及后续诸事，它的基本依据就是医学上的死亡判断。因此，法定的死亡标准需要紧跟医学上的死亡界定之步伐。因为只有医学上认定了死亡的发生，司法上才有可能宣告人的死亡，然后启动相关的司法程序。同时，只有法律上规定了什么意义上的个体生命死亡以及死亡的原因、性质，人们才可能依据法律条文提出相关的评判标准与判定相应的司法事件，以及启动后续的司法认定，比如遗产继承等。这些的前提都是医学上的死亡定义，医学上认定死亡以后，出具了死亡证明，此人在法律关系与社会意义上的死亡就开始了。

对脑死亡标准进行立法，具有非常重要的现实意义。死亡对于任何人来说都是非常重要的事情，在什么情形下可以判断为死亡，牵涉到医疗救治的前提、限度以及公民个人身份的改变、法律关系的变更等重大社会事件。因此，对脑死亡标准进行立法，有利于整个社会形成一致的死亡标准，统一的死亡标准是许多社会事务的基础。1978 年，美国的《脑死亡统一法案》（*Uniform Brain Death Act*，UBDA）将脑死亡定义为：全脑功能包括脑干功能的不可逆终止。西班牙国会于 1979 年通过的移植法将脑死亡定义为“完全和不可逆的脑功能丧失”。1997 年，德国的《器官移植法》规定：脑干死亡就是人的死亡。日本的《器官移植法》将脑死亡定义为：全脑包括脑干功能的不可逆停止，但与

“植物状态”不同，后者的脑干仍然保持全部或部分的功能。同年，格鲁吉亚《卫生保健法》将脑死亡定义为：脊髓基本节段和脑功能的不可逆终止，包括使用特殊措施维持呼吸和血液循环的情况。这些界定通过法律条文的方式为人们评判死亡提供了明确的依据。不过，目前中国还没有通过立法的方式确立起脑死亡标准，这对于医疗事件中遇到的特殊情形来说并不是什么好事。医生们在临床中使用脑死亡标准，可是现实中心肺死亡标准也被人们所使用，普通人发现个体心跳、呼吸停止就以为人已经死亡，这对于一些本可以通过复苏术救治的病人来说就是个致命的问题。另外，对于不清楚脑死亡标准的人来说，当他们看到医生撤下一些人工维持心肺功能的设备，人停止呼吸、心跳，就很容易误解是医生造成了死亡事件，可是实际上医生只是运用了脑死亡标准，判断此人死亡不可逆转，然后才撤下设备的。在一些极端案例中，有些植物人或深度昏迷的人，哪怕通过脑死亡标准认定已经死亡，但是由于呼吸和心跳的人工维持，一些不明就里的家属并不愿意承认死亡发生，不理智的时候还可能对医护人员造成伤害。这些问题与两个评判标准不同有关，因此，通过立法和明文规定的方式来确立脑死亡标准对于全社会的死亡认知具有正本清源的功效。

当今时代，人类自然生命的死亡就是人的大脑功能不可逆转地丧失。人的死亡就是大脑的死亡。

第二节 死亡过程

人的死亡是一个过程，人类是通过针对这一过程总结出的生理上和心理上的共同特征，来确立对死亡的认知的。这些共同特征虽然不足以完全预测死亡的到来，但是，这些共同特征以及背后的原因一旦明了，或许可以为我们认识死亡过程以及陪伴临终病人提供帮助。

生理死亡过程

濒死期 当人处于濒死期时，肢体开始麻木不仁，人体肌肉弹性开始消失，呼吸开始停止，心脏和血液循环作用减弱，以至于开始长期昏迷。这个阶段的人仍有可能恢复知觉，并活过来。

此时，人体各系统的功能开始发生严重障碍，人的意识逐渐模糊或消失，各种生理反射减弱或迟钝，血压下降，心跳、呼吸变弱或出现叹息样呼吸。濒死期病人表现不一，有的表现相对平静，这是由于其生命功能衰弱，像安静入眠了一样；有的则四肢抽搐痉挛，然后活动慢慢减弱，最后呈麻痹瘫痪状态。人的濒死过程持续时间长短不一，从数秒到数小时不等。通常，年轻力壮的人较年老体弱者濒死时间更长，病死者则是因慢性消耗性疾病较猝死者的死亡时间长，猝死者甚至可以无濒死过程，直接进入临床死亡期。

临床死亡期 临床死亡期由濒死期发展而来，此阶段人的生命力完全消失。人的心脏和呼吸活动以及所有的反射、知觉及感觉开始消失。这时人的中枢神经的损害已由大脑扩散至脑干，延髓处于极度抑制状态，呼吸、心跳完全停止，血液循环中断，瞳孔散大，各种生理反射消失。临床死亡期的病人虽然呼吸、心跳停止，似乎生命已经结束，但脑的功能尚未产生不可逆的改变，其组织内微弱的新陈代谢仍然在进行。临床死亡过程通常为 5—6 分钟，这是由大脑组织对血液循环停止后最长的耐受时间限定的。但在低温条件下，尤其是在头部降温耗氧量减少时，临床死亡期可延长至一小时或更久。临床死亡可称之为生命整体的死亡或人的生命的死亡，表现为生命功能衰败，死亡机制发生作用，这是不可逆的现象。

生物学死亡期 此时，人体功能和器官进入不可逆转的衰竭。中枢神经系统发生了不可逆的变化（脑干死亡），功能永久停止，组织细胞均已经死亡。生物学死亡的症状除临床死亡表现外，还有皮肤苍白、肌肉松弛、体表冷却、皮肤黏膜干燥，以及死亡发生后产生尸斑、尸僵等早期尸体现象。人脑死亡后，个体便进入了生物学死亡，由于人的身体各部位的组织细胞成分不同，人体各部位器官的死亡时间并不相同，这也是器官移植得以可能的原因。医生从“死者”的身体中取出“活”的人体器官，移植给需要它的其他病人。生物学死亡的发展性标记有身体变冷，尸体僵硬，脱水，眼科特征，以及尸斑等[1]。

陪护临终者要点[2]

虽然人类死亡过程大致会经历以上三个阶段，但是人在死亡之前会呈现哪些征兆并没有一致而确切的答案，往往疾病的症状和严重程度无法令人准确地预测人们离世的时间。尽管死亡发生时会出现哪些征兆并不必然，但是据安宁病房针对癌末病人濒死症状做的研究，以死亡前四十八小时内出现的症状为

1 生物学死亡发生后，基本的特征有：1. 身体冷却。这是生物学死亡的第一个特征。人在死亡发生过程中，有时在临终阶段身体就逐渐变冷，但在人死后2—3小时特别明显。首先冷却延伸到面部及四肢末梢；然后根据尸体体积、穿着的衣服、周围温度，在温和的气温条件下，大约以每小时平均下降1摄氏度的速度逐渐冷却，但最后冷却过程越来越慢。2. 尸体僵硬。这是生物学死亡最可靠的特征，疾病不会令身体僵硬。尸体僵硬产生在最初的肌肉松弛状态之后，它来自凝结的肌肉纤维蛋白和肌凝蛋白的“交锁”。3. 脱水。脱水会引起尸体体重减轻：平均每天一公斤左右，这与温度和湿度状况相关。4. 眼科现象。主要表现为瞳孔呈椭圆状，眼球张力减退。这种现象令人非常难受。正是为了避开死者的目光，人们替他闭上眼睛，为此人们接受了“睡眠死亡”的思想。5. 尸斑。人死之后5小时开始出现尸斑。停止流动的血液服从于重力规律，器官的各种液体随着尸体的姿势积存在尸体的最倾斜部分，特别是受压（股沟和肩胛）或狭窄处（腰部、腘弯等）。尸斑是一些呈块状或点状聚集在一起的圆形斑点，颜色为发蓝的粉色、浅红、深蓝。

2 参见林绮云等：《临终与生死关怀》，台北：华都文化事业有限公司，2018年，第31—35页。

例，人们发现“意识改变、四肢冰冷、生命征象改变”三项，最能预测人的死亡，除此之外，瞳孔固定和放大，皮肤变得潮湿、出冷汗、颜色变暗，进食需求降低，嗜睡，肛门括约肌松弛导致大小便失禁及尿量减少等，都是死亡发生前的一般症状[1]。

针对临终病人在生理和心理上的种种表现，陪护者应如何应对以尽量减轻病人的痛苦呢？

1. 对食物和水分需求减少——遵从病人意愿，不强行进食、补水，减少病人痛苦。人到了临终阶段，因吞咽功能不佳或身体无法吸收代谢，或者肠胃功能等生理原因，不宜强行进食，强行进食反而会增加病人的痛苦感。此时，病人也不应该补充太多水分，水分过多会造成身体水肿、肺积水、心包膜积水、腹水等，使病人感到身体不适。因此，家属不应该强行要求医生为病人补充点滴，而是应当适当减少水分给予。

2. 不受控制的躁动不安的情绪——心理准备与寻求专业人士帮助。到了临终期，病人往往会呈现出躁动不安的情况，医学上称这种现象为“谵妄”，这时候病人的行为举止已经不能自控，例如会出现拉扯输液设备、脱掉衣服、手脚乱动、方向感丧失、语无伦次、欲起身行走却无能为力等状况，这些现象会给陪护的家人带来极大困扰，但是陪护者要理解

1 参见林绮云主编：《生死学》，台北：洪叶文化事业有限公司，2000年，第397–398页。

这种现象并非病人所愿，而是由于其无法自控造成。通常，造成谵妄的原因有电解质不平衡、肿瘤本身、水分失衡、药物副作用等，这些因素都是病人无法自控的，他们有时甚至不能意识到自己的行为，因而无法加以纠正，因此，对临终者的种种怪异举止家属要有心理准备，不要过于焦虑和激动，遇到无法平复的情形需要寻求专业人士帮助，给予镇静药物，让病人入睡，缓解病人的躁动症状。

3. 手脚冰凉、皮肤出现紫斑——注意病人体表温度、适时正确保温。当病人进入临终期，血压下降，血液循环变差，会出现休克症状，此时，皮肤变冷，冒冷汗，身体承重处（如靠床处的背部、臀部、足跟等）皮肤颜色变深，甚至出现紫斑。此时，我们可以适当地为其增加被褥以保暖，也可提高室温，但要注意让病人平均受热。注意不宜直接用电热毯对皮肤加热，以免造成烫伤。及时翻身，为其按摩，增加病人的安定感，促进血液循环。

4. 大小便失禁——及时护理，减少病人身体负担。由于临终者下体周边血流供应不足，造成控制解尿与排便的神经肌肉系统失去功能，导致大小便无法控制。在这种情况下，应提前准备好尿布等护理用品，及时更换。当病人皮肤浸润在排泄物中时，要注意病人的肛门及私处的皮肤，注意清洁和消毒。有些病人尿量减少，属于正常现象，不一定要插管、协助排尿，此时应尽量减少病人的身体负担。

5. 呼吸困难、嗜睡。临终病人通常呼吸比较浅且快，有时会出现呼吸不畅，甚至出现张口呼吸、暂停呼吸等现象，此时要适时调整病人的身体位置，将床头摇高或用枕头调整，使病人处在较舒服的姿势。注意室内空气温度，保持病人口腔适度湿润。临终病人嗜睡现象比较常见，睡眠时间会越来越长且不易叫醒，这与人体大脑血液循环不足，机体代谢衰败有关，因此，陪护人员无须刻意叫醒病人，需注意病人基本的口腔清洁、皮肤清洁等。

6. 濒死噪音（死亡喉音）。这是临终病人特殊的临床症状，可见于23%—92%的濒死病人。通常，这种现象发生于死前17—57小时内，由于人体的喉头肌肉逐渐松弛无力，无法有效清除口水或肺部分泌物，呼吸时震动喉部肌肉，从而形成嘈杂的呼吸声音，感觉像要被水溺死了一般。此时，病人大多陷入了昏迷状态。这是个基本的濒死过程，此时可以适当抬高病人床头，协助适当翻身、摆位，降低音量，但是可减少不必要的药物给予，不要刻意消除濒死噪音。

心理死亡过程

人类的死亡过程，不光是生理上的死亡，即人的大脑和人体其他功能的停止和丧失，它还牵涉复杂的心理过程。死亡过程中的心理现象因为个体的差异性而表现得各不相同，总的来说，人类死亡过程中的心理现象至少涉及两个方面的内容，即自觉的有意识的心理过程与无意识的心理现象。有意识的心理过程在临终者大脑功能尚存、人还比较清醒的时候表现得比较充分，而无意识的心理现象则在大脑功能不可逆转地丧失时表现得比较明显。死亡过程中除了有意识的心理过程和无意识的心理现象之外，通常还伴随一种比较特殊的“濒死经验”（NDE）现象，这些都是人类死亡过程中常见的心理现象。

意识清醒期

当人即将走向死亡时，出现心理冲突几乎是难避免的。人在垂死之中，他所面对的不仅是死亡问题本身，而且还会面对一些在其生命过程中难以解决的问题以及不可克服的冲突和矛盾。人活着的时候，一切事情皆会因为死亡的到来而显得难以应对，未竟的事业、未了的心愿、难以克服的恐惧、不确定的未来等，这些都会让意识尚存的人面对死亡时难以释怀。美国精神病学家、死亡学家伊丽莎白·库布勒·罗斯在对临终病人进行观察后提出了临终病人心理发展五阶段理论，认为临终病人的死亡心理发展过程大致可以分为五个不同时期，分别为否认期、愤怒期、协商期、抑郁期和接纳期[1]，这五个阶段人的心理状态与基本情况大致如下：

否认期 大多数人得知自己患上不治之症或者即将面临死亡时，最初的反应多为否认，不愿意相信、拒不承认死亡即将到来的事实。比如说，面对诊断为癌症的CT报告，有的病人会说“这不是真的！”“一定是医生搞错了”，哪怕有些病人去了不同医院反复核查，医院复查后都确认最初的诊断是对的，病人仍然希望找到更有力的证据，推翻医生最初的结论。否认阶段通常比较短暂，这基本上可以算作是人类面对死亡时一种暂时性的心理防卫，是个人对令人震惊的坏消息的缓冲，过不了多久，心理发展便会进入到下一阶段。

愤怒期 当临终病人对不良预后的否定无法持续下去，有关自身疾病的消息不断被证实时，随之而来的心理反应就是变得气愤、暴怒和嫉妒等。在这一阶段中，病人往往会怨天尤人，指责命运的不公，有的人甚至完全想不通：为什么自己会得绝症，而不是别人得绝症。此时，病人发泄出来的怨气往往会指向家属或医护人员，他们批评、挑剔医护人员的医疗水平，无端指责或辱骂家属和医护人员等现象也常常可以看到。

1 伊丽莎白・库布勒・罗斯：《论死亡和濒临死亡》，广州：广东经济出版社，2005年。

协商期　这个阶段又被称为“讨价还价期”，持续时间通常比较短，也不太显著。当临终病人看到自己的身体情形并未好转，便开始慢慢接受进入生命临终的事实。不过，此时病人还存有侥幸心理，一些人在心里与上帝、神仙等“讨价还价”或试图与他们进行“协商”，例如，我可以到寺庙去烧香许愿，祈愿如果菩萨保佑自己早日康复，将来好转定为寺庙再添香火等。一些临终病人还可能与命运“讨价还价”，乞求上天垂怜，给自己带来好运，助自己逢凶化吉，最好出现奇迹，绝症消失、身体自愈。临终病人也可能与医护人员“讨价还价”，乞求医护人员给自己用更好的药物、提供更好的医疗条件或更好的照护，从而治好自己的疾病，延长寿命，改变死亡将至的命运，这样自己或许还有时间完成手头上紧要的事情等。

抑郁期　经历了前三个阶段之后，临终病人的身体变得越来越虚弱，疾病恶化更明显了，此时病人的气愤与暴怒等情绪逐渐被一种巨大的失落情绪所代替。疾病的恶化、身体功能的衰退、频繁的治疗、经济负担的加重、社会地位的动摇、亲人的关照不够等，都可能成为临终者失落的原因。这个阶段的人常常处于抑郁状态之中，人表现出对周围的事物不感兴趣，整个人没有生机，情绪漠然，陪护者与其相处会比较压抑，病人的表现也常常令家人感到沮丧。

接纳期　病人在经历了以上四种不同的心理状态之后，发现走向死亡不可避免，因而开始真正直面死亡到来的事实，因此，可能会萌发一种超脱现实的想法，即接受自己的死亡，不再与命运抗衡，不再与诸神和他人讨价还价，也不怨天尤人了，而是打算直接接受死亡，接受死亡降临的命运。此时，超脱死亡的需要压倒了一切，临终者开始表现出主动接受死亡到来的态度。比如，有的人会说："我操劳了一生，现在也该休息了"。这个阶段的人接受死亡不同于之前"无可奈何"的无助心理，而是从根本上接受了死亡，心里没有无可奈何的感觉，甚至有的人还怀有欣喜和向往之感。罗斯在她的书中讲了一个故事，她说：有一个女病人，已经到了接纳死亡的心理阶段，可是，她的丈夫却不愿意放弃对她的救治，他不断鼓励妻子活下去，并试图用自己和孩子需要照顾来刺激女病人，以便重新唤起女病人对人世的留恋和向往。可是，女病人却十分决绝地反抗，她坚持拒绝任何治疗，只要被拉到手术台上，她就开始疯狂地撒泼、发作，完全像变了一个人一样；只要涉及继续治疗，她几乎不配合丈夫和医生任何事情，这让她的丈夫感到十分失望，甚至非常伤心和痛苦。后来，罗斯告诉女病人的丈夫，病人其实心里面已经接受了死亡，她的心理状态是进入了死亡接纳期，要想改变她的想法已经不可能。所以罗斯告诉女病人的丈夫，要尊重妻子已然接受死亡的想法，不要试图改变她，并建议他们开诚布公地好好谈谈，以作最后的告别。丈夫听从了罗斯的意见，放弃了他之前的想法，与妻子敞开心扉地谈了一番，从此，两人相互误解的心结解开了，心中的疑虑消除，夫妻二人冰释前嫌、重归于好。最后，女病人向丈夫交代了后事，拥抱了丈夫和孩子，在丈夫和孩子的陪伴下安详地离开了人世。对处在接纳期的人来说，死亡此时已经不再可怕，坦然赴死已经显得比回归人世更有意义、更加现实。一般而言，接纳死亡的阶段是心理发展的最后阶段，它也是人生漫长旅程最后的归宿。难得的平静与休息或许是生命最后的成长阶段，这也可以说是人的生命即将跨入死亡之门时最后一次升华。在这个阶段，人不再抱怨命运，也不再心灰意冷；不再抗拒死亡，也不再企图与命运讨价还价，恰恰相反，他可能平静地接受了死亡到来的事实，并常常回忆过去，回想过去发生的事情，想起过去的亲朋故旧……不过，这个阶段有时病人会显得疲乏嗜睡，不近人情，甚至有的人试图与人世隔绝，直到一个人悄悄地离开人世。因此，这个阶段的生命，人们不用刻意费力去救治和挽留，也无须再用红尘俗世的美好试图去唤起他们重生的希望，恰恰相反，此时我们应该尊重他们的意愿与态度，尽量不要打扰他们的世界，让病人安静地离开人世是我们可以给予的最大善意。

对于罗斯关于临终病人五阶段心理发展的理论，学者们有不同看法，比如有人认为，并不是所有人临终前都会经历这五个心理发展阶段，也不见得所有人死亡前心理发展过程的先后顺序必

《论死亡和濒临死亡》一书的作者是伊丽莎白·库布勒·罗斯，她长期研究病人临死前的状况和心理活动。本书基于作者组织的、历时三年每周一次的对 200 多个临终病人心理发展过程进行讨论的多学科研讨会撰写而成。作者在书中详细描述了人的临终与死亡过程及心理特征和发展过程，其中，最著名的观点要数把死亡过程分成五个心理阶段：否认期、愤怒期、协商期、抑郁期、接纳期，临终心理五阶段理论逐渐为人们所接受。该书的研究具有开创性，研究成果对临终病人、家属、医生、护士、社工以及普通人均有帮助和启发，对于大众理解死亡过程与人的临终心理亦有很大帮助。

《第六交响曲》

《第六交响曲》是俄罗斯作曲家、音乐教育家彼得·伊里奇·柴可夫斯基的交响乐作品，又名《悲怆交响曲》。作品讲述了一场顽强的生命能量与最终无能为力的湮没之间的抗争，描写了人生的恐怖、绝望、失败、灭亡，揭示了一个永恒的真理——死亡是绝对的、无可避免的，生活中所有的欢乐都是转瞬即逝的，人生的悲剧是以死亡为底色的。

定如此，这只是一个大略的临终者心理发展模式。一些研究生死学的学者或在罗斯的五阶段理论基础上或从自身研究的角度提出了不同的理论模式，这些理论模式都有各自的道理与解释空间，但需要注意的是：死亡过程伴随人复杂的心理发展过程，人们在不同的死亡阶段呈现出不同的心理特点，可是无论每个阶段之间是什么关系，最后人们总是难免要走向对死亡的接纳阶段。当然，有的人临死前都不愿意接受死亡，这种现象也是存在的。但是，愿意或不愿意接受死亡，这是人的理性选择，表明人在此时还是有自主意识的。罗斯的理论以及其他临终心理发展模式，大多是在病人大脑功能尚存、意识尚清醒时总结出来的经验，实际上这只是濒死期人们的心理发展过程的一般规律，而进入临床死亡阶段时，人的意识已经开始瓦解，此时人的无意识状态会呈现出另外的特点。

无意识期

在无意识期，人的死亡心理是比较难把握的。在这个阶段，许多人已经陷入昏迷，语言功能丧失，正常的表达已经不可能，因此，医护人员的观察与推断成了人们对这一阶段最主要的认知来源。通常在这个阶段，人离死亡事实已经不远，临死前的各种症状开始呈现出来，医学上说的“谵妄”现象开始出现，这时候病人的行为举止已经不能自控，例如出现拉扯输液设施、脱掉衣服、手脚乱动、方向感丧失、语无伦次、欲起身行走却无能为力等状况。死亡的一些基本特征比如四肢冰冷，瞳孔固定和放大，皮肤变得潮湿、出冷汗、颜色变暗，进食需求降低，嗜睡，肛门括约肌松弛导致大小便失禁以及尿量减少，濒死噪音等出现，此时，人们很难正常去推断临终者此时的内心想法。因此，当人在这个阶段时，死亡心理的描述和研究是比较困难的，或许由于人此时的自主意识瓦解了，自我意识消解了，所以人们通常很难理解这个阶段人的心理。正是由于这个阶段人的心理特点不好把握，又加上它离死亡事实不远了，因此，人们对其有各种猜测，甚至把它神秘化，或者把其他阶段的心理现象之特点强加于它，其中，濒死体验现象就是人们最常说的一种特点。有人认为人在死亡的最后阶段会出现回顾人生的现象，就像电影镜头的倒叙一样；或者出现解脱愉悦的心情；或产生灵魂和身体脱离的感觉，甚至在一瞬间产生美好的回忆，比如看到已故的亲朋好友，感觉到幸福和温暖等。可是，将这些动人的描述和具体情形赋予无意识的临终者其实有些困难，因为这些被统称为“濒死体验”的现象是根据一些人临界死亡的经验得出来的结论，而这些人只是遭遇了重创，并没有真正死亡。因此，对濒死体验能否解释死亡最后阶段的心理特点人们其实有不同的看法。

《第九交响曲》是奥地利作曲家、指挥家古斯塔夫·马勒的交响乐作品。美国音乐评论家唐斯认为，此曲四个乐章好比“浩大的死亡之舞，按每乐章顺序分别为：死亡作为解放者，死亡作为死亡舞的伴奏者，死亡作为战场上的敌手，以及最后死亡作为一个起慰藉作用的友人”。

濒死体验

> 和其他所有人身体上的病症合起来的痛苦相比，更让人难以忍受的是对死亡的恐惧。这种痛苦是可以被濒死体验疗愈的。濒死体验经历者从濒死体验中可以学到的是永远不再对死亡感到害怕，不再对永生充满渴望。[1]
>
> ——拉里·德赛

濒死体验（Near-Death Experience，NDE）研究曾一度引起人们的极大兴趣，似乎死亡的全部秘密即将在此揭晓。研究者们通过对临界死亡之人的经验材料之收集，发现人类的濒死体验有许多共同特点。比如说一些经历过突发事件而被认定为死亡然而后来又没有死的人，他们在假死期间体验到了一些非比寻常的感受：如有的人遭遇严重车祸，临界死亡，醒来之后，当事人报告说感觉自己离开了身体，飘浮在空中，其间还看到了周围发生的事情，并体验到了强烈的轻松、愉悦……以濒死体验研究著称的美国学者雷蒙德在他的《死后的世界：生命不息》（*Life after Life The Investigation of a phenomenon-Survival of Bodily Death*）一书中详细记载了许多濒死体验的著名案例，并总结了这类现象的一些共同特点。很多经历过濒死体验的人后来都叙述，他们在这一阶段经历了一种奇异的体验，那是一种“灵魂出窍”的超脱感受，许多人表示他们发现自己到了一个祥和平静的世界，

1 转引自佩妮·萨托利：《向死而生，活在当下——濒死体验死亡哲学课》，李杰译，北京：中国法制出版社，2018年。

《死后的世界：生命不息》

《死后的世界：生命不息》探讨了人类的死亡与濒死体验现象。本书出版后产生了巨大影响，同时也引起了很大争议，激发了人们对该领域的研究兴趣。作者雷蒙德·穆迪（Raymond A. Moody），哲学博士、心理学博士，先后任教于西佐治亚学院、内华达大学等高校，首次提出“濒死体验”（Near-Death Experience，NDE）概念，被《纽约时报》誉为“濒死体验之父”。《死后的世界：生命不息》一书根据 150 名被临床判为“死亡”却又活过来的人的描述写成，详细记述、分析了人们宣称经历过的“死后世界”，总结出 15 个共同元素，提出了濒死体验概念。另外，作者还将其与人类历史上对于死后世界的重要哲学论述加以比较研究，列举了心理学、自然科学对该现象的解释。

并在那里和自己的亲人朋友团聚在一起，他们感受到自己与宇宙之间前所未有的亲密联系。同时，大量濒死体验者报告称：他们曾看到一条长长的隧道，而隧道的尽头是一片光明。濒死体验研究发现，尽管由于文化背景与宗教信仰不同，人们报告的信息也存在较大差异，但是世界各地的濒死体验者都报告称，在他们临界死亡的时刻见证了一些相似的场景。不过，经历这些奇异感受的时间以及相关场景出现的顺序是因人而异、各不相同的，并没有千篇一律的固定模式。在这些报告中，有两种心理现象比较常见，一种是“灵魂出窍体验”，感觉自己离开了自己的身体，悬浮在病房的天花板上，看到躺在病床上的自己和身边的亲人和医生；另一种体验是所谓“人生回放”，很多一生中最难忘的时刻和人物会栩栩如生地出现在眼前，一幕一幕地闪现而过，犹如录像带的回放。这些心理现象被人们收集起来，成了蔚为大观的濒死体验研究素材。

濒死体验者报告的心理感受让人们对死亡似乎产生了某种好奇甚至好感，如果死亡发生的时候可以让人们看到自己的亲朋好友，最后在某个令人愉快的地方与他们相逢相聚，并与之共同进入一个安静祥和的世界，体验到前所未有的超脱、愉悦和幸福，这未尝不是一种好的死亡前景。

尽管世界各地都有人报告濒死体验现象，然而，学术界对濒死体验的看法仍然存在严重分歧，无论是从脑科学、医学角度解释濒死体验现象，还是把这种现象看作是人死之后还有另外一个世界的证据，二者相互之间都难以说服对方，二者自身也各自存在难以解释清楚的地方。通常，从脑科学的角度来说，人在濒临死亡时感受到的那种极度平静和祥和可能与死前身体瞬间释放出大量的内啡肽物质有关；至于长长的隧道、尽头充满光亮的隧道，这种幻觉则可能是由于死亡前视觉神经陷入极度兴奋状态后，被大量二氧化碳充斥，导致眼睛对于光线特别敏感，短时间内身体在其他方面出现远超乎平常的敏感状态而造成；而发现与早已逝去的亲人朋友们团聚在一起，看到自己生前从未谋面的先祖或他人前来相见、迎接，甚至说抵达了另一个陌生的世界，并看到由光组成的其他高维生物等，医学上有人认为这种想象其实是由于在此阶段大脑严重缺氧产生的幻觉。总之，对濒死体验的报告和解读，到目前为止仍然存在截然不同的看法，由于报告濒死体验的群体数量有限，这些人的体验与人类正常死亡过程中的心理状态究竟是什么关系仍有待进一步研究。简言之，人类死亡的最后心理阶段是否与濒死体验者报道的令人愉悦的心理状态相同尚未可知。

濒死体验是一种特殊的临界死亡的心理现象，由于亲历者对它的描述各不相同，尽管存在大量的正向积极的描述，这些描述为人类乐观地看待死亡提供了某些貌似可能的证据，然而，濒死体验的报告中也并不总是描述积极乐观的感受和体验，甚至还出现过令人感到痛苦的感受和体验。因此，如何看待濒死体验现象，从相对严谨的学术研究角度来看，我们还是比较倾向于从大脑功能受到破坏或丧失带来的一系列幻觉这种观点来解释。有人希望通过濒死体验来说明死亡过程以及死亡尽头并不可怕，这种心情我们可以理解，假如人们在死亡的过程中和最终的归宿处，会看到那些你愿意看到的景象，并相信那就是个人的归宿，这对于一些人来说可以减少个体的死亡恐惧和不确定感，因此，从信仰和希望的角度来说这未必不是好事。不过，需要记住的是：不要以为濒死体验中报告的美好前景就会是每个人的死亡前景，它不是死亡的全部；濒死体验中也有许多不愉快甚至痛苦的报告，总之，美化死亡是件非常危险的事情！

死亡过程的干预

当今世界，由于医学科学的发展与医疗水平的提高，人类的死亡过程相对传统社会来说已经大大延长了。死亡过程人为地延长对于人类死亡现象来说是前所未有的新变化，人为的干预使得死亡变成了一件极其不自然的事情，对此，著名精神医学与死亡学家罗斯在她的《死亡与临终》一书中说：

> 一件最后重要的事是，今天的死亡过程在许多方面都是更为可怕和令人厌恶的，就是说，更加孤独，机械化及非人

化……死亡的过程变成孤立而缺乏人情味，绝症患者被迫从自己熟悉的环境中运出，匆匆忙忙送到医院。[1]

正是由于死亡过程相较于传统社会大大延长了，死亡发生时环境变得陌生了（医院、养老机构，而不是熟悉的环境，比如家里），各种医疗手段的使用使得人类死亡过程相较自然死亡其痛苦也相应增加了，人类在面临死亡时处境也更为孤立、对死亡的恐惧和厌恶也变得更为强烈。这些新变化与人们不愿接受的境况都是人类人为地干预死亡过程造成的恶果。在这种局面之下，医院已经成为死亡发生的主战场，为了人类有尊严地度过人生最后的阶段，在医疗和社会领域兴起的临终关怀运动与安宁医护事业成为人们应对死亡过程艰难处境的新路径。临终关怀运动的兴起、安宁病房的设置、缓和医疗的出现都是为了回应死亡过程中遇到的各种困难。如何保障人类有尊严、无痛苦地度过人生最后的时光已经不是考验个人意志是否坚定的问题，而是人类人为干预死亡过程后必须要面对的社会问题。一个人应有尊严地死去越来越成为社会的共识和基本的伦理要求，当人们在救治无望的前提下，拒绝无效而痛苦的救治，缩短死亡过程，坦然接受死亡，或者进入安宁医护机构接受最基本的照顾护理，体面地走向生命的终点，这是人类面对生命最后时刻最基本的要求和权利。

1 伊丽莎白·库布勒·罗斯:《死亡与临终》。

临终关怀

临终关怀（hospice care）又称善终服务、安宁照顾、终末护理、安息护理等，是指对临终者及其家属进行生理、心理、社会和灵性等全方位的医疗和护理照顾，满足临终者身心需要，使其能舒服安详、有尊严地度过人生的最后时期。在医学上，临终有着严格的定义："指人在医学上已经被判明无法治疗，将在3—6个月内死亡的一段生命旅程"，因此，临终关怀不以治愈疾病、延长生命为目的，而是意欲通过缓解临终者的病痛来给患者以安慰，提高人生最后一站的生活质量，让人们有尊严地离开。

临终关怀运动始于英国的圣克里斯托弗。20世纪50年代，英国护士桑德斯（Cicely Saunders）在她长期供职的晚期肿瘤医院中目睹了生命垂危病人的各种痛苦，于是决心改变这种状况。为了使危重病人在人生最后的旅途得到身心的满足和舒适的照顾，桑德斯于1967年在英国创办了世界著名的临终关怀机构圣克里斯托弗临终关怀医院。随后，世界上许多国家和地区开展了临终关怀服务实践和理论研究。20世纪70年代后期临终关怀传入美国，80年代后期被引入中国。1987年创立的北京松堂关怀医院成为中国第一家临终关怀医院。1988年7月15日，美籍华人黄天中博士与天津医学院吴咸中院长、崔以泰副院长合作，共同创建了中国第一个临终关怀研究机构——天津医学院临终关怀研究中心。

随着中国国内老龄化日益加剧，越来越多的临终关怀、安宁疗护机构出现在人们的视线之中，截至2019年，中国国内共有97家医院或个人机构与安宁疗护相关，并且有2807家机构一直在从事临终关怀相关服务。2017年原国家卫计委在北京、上海、吉林、河南、四川启动了第一批5个安宁疗护试点，经过两年多的发展，已在局部构建了市、县、区多层次的医疗服务体系，基本的体系开始初步形成了。2019年5月，国家卫健委又启动了第二批全国安宁疗护试点工作，上海市和其他省份的71个地级市进入到第二批试点当中。目前全国可以提供安宁疗护服务的机构从35个增加到61个，安宁疗护的床位从412张增加到957张，执业医生的数量从96人增加到204人，执业护士的人数也从208人增加到449人。总体来说，参照WHO的标准，目前中国的安宁疗护体系整体还有非常多的问题，还处在起步阶段。

除了出生之外，我们一生中另外一件注定会发生的事情就是死亡。据统计，在我们这个星球上，正常情况下大约每一个小时就有7000人死去。但是，即便死亡是每个人都不可能逃脱的宿命，我们许多人似乎对于死亡本身知之甚少。什么是死亡？当我

《温暖消逝》

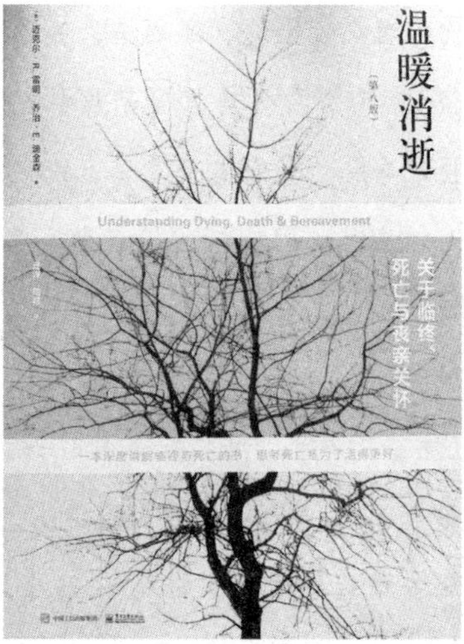

本书是美国学者迈克尔・R. 雷明和乔治・E. 迪金森合著的死亡教育著作，详细论述了有关衰老与死亡的话题，梳理了衰老、临终与死亡的各种问题和发展历程，讨论了死亡和医药的局限，论述了如何自主、快乐、有尊严地活到生命终点的问题等。作者把“善终服务”“临终关怀”“正视死亡”等理念结合故事进行了详尽说明；书中还介绍了应对死亡恐惧的各种观念和方法，从心理学、历史学、人类学、哲学等多种角度论述濒死状态、死亡与丧亲关怀等，旨在帮助读者建立合理的死亡观，消除死亡焦虑与恐惧。

们死去时，我们的意识和身体会发生何种变化？

人类死亡的原因和过程千差万别，不过，假定一个人自然死亡，那么非常明确的一点就是：他的死亡是一个逐步发生的过程。尽管某人的死亡证明上会给出具体的死亡时间，但是，实际上人的死亡并不存在某个精确的“死亡时刻”，死亡过程中有许多灰色地带，还有许多细节至今人们还不甚清楚，尤其是当一个人进入无意识期的死亡阶段时，心理过程有什么特点他人无法清楚。当一个人的身体逐渐接近临床死亡时，人的心跳、呼吸、脉搏和体内循环逐渐停止，但是，在接下来的4—6分钟时间里，人体细胞仍然还是活着的，只有当生物学死亡到来时，人的脑细胞才开始不可逆地死亡，从此时开始，人的死亡已经不可逆转，病人不可能被抢救过来。

人生命的最后几天，医学上通常称之为主动死亡阶段。在这一阶段，人开始快速地失去各种自然欲望，以及大部分知觉，直到听觉最后消失。这一阶段人可能出现这样的症状：不再感到饥饿，不再感到口渴，不再能开口说话，视线逐渐模糊，听觉逐渐消失，触觉逐渐消失。与之伴随的反应还包括胸闷气短，抑郁、焦虑，疲惫、嗜睡，精神错乱，便秘或大小便失禁，以及恶心反胃等感觉。此时，人的大脑正在逐渐通过牺牲身体的一些非必要功能来延长生命。再后来，人的皮肤开始表现出死亡来临的基本征兆：皮肤开始变凉，颜色开始变得暗淡，甚至开始出现紫色斑点。很快，人的身体会变得非常虚弱，甚至难以咳嗽或者吞咽，呼吸时会因为喉咙内液体的积聚无法正常处理而发出一种奇怪的声音，医学上将其称作“死亡噪音或死亡喉音”。在医生们看来，“死亡噪音”本身并没有什么危害性，即便在旁人听来病人应该非常痛苦、难受。不过，医生们对于这种现象的痛苦程度的认识也是非常有限的，因为病患此时距离死亡大约只有十个小时到几十个小时不等，不少病人在此期间已经陷入昏迷状态，无法述说自己的感受了。

一个人躺在医院的病床上自然地死去，在这个过程中，通常情况下可能会有专业的医护人员照顾，他们会用各种药物控制和缓解病人的痛苦。当生命走到了尽头，即在最后几个小时里，人基本上处于昏迷状态，身体或许不会再感受到痛苦。当人的身体最终也死亡时，大脑功能也将很快随之丧失。这意味着人的大脑将不再能够监控和管理他的身体，这时，人会出现不自主的大小便失禁现象，甚至精神错乱，这种失控的现象听起来让人非常不舒服，甚至让人对濒死产生无端的恐惧，但这还只是生理上的问题，心理上的变化才是最令人难以把握的。

人在死亡时，意识会如何变化？事实上，人的身体逐渐接近死亡时，大脑和意识会出现奇异的改变。在这个阶段，人或许不再害怕身体上发生的变化，许多真实的案例告诉我们：当一个人越是接近死亡，他看待死亡的态度反而越正向、越积极。或许这是因为当一个人知道死亡即将到来时，死亡对于个人来说就不再是个抽象的概念，而是必须要去面对的现实，在这样的情况下，或许学着接受死亡是更加明智的选择。

在死亡到来之时，研究人员称大多数人都会经历祥和平静的梦境和幻觉。据纽约一所临终病人护理所的研究人员报告称：临终病人做梦要比普通人多得多，88% 的接受调查的临终病患对研究人员表示他们经历了比正常情况下真实得多的梦境，这些梦境在病人醒来以后仍然令人记忆深刻，甚至栩栩如生。有的病人醒来以后甚至以为自己仍然处于梦境之中，难以区分梦境与现实，大有“庄周梦蝶”的疑惑。在这些多而奇的梦境中，一些人会梦见自己与早已去世的亲人朋友团聚了；另外一些人则发现自己正忙着准备出门，要去遥远的地方旅行；更令人称奇的是有人梦见自己人生中一些特别有意义的时刻在眼前一幕幕回放，不断闪现而过。总之，对于大多数人来说，出现这样的幻觉和梦境让他们暂时感到安心，这些体验极大地减少了人们对于死亡的恐惧以及对死后世界的不确定感。

随着死亡的步伐向最终的阶段迈进，当人们进入临床死亡阶段时，大脑似乎进入了高速运转的状态，此时医疗仪器依然能够检测到大脑各处发出强烈的活动信号，这些强烈的信号或许会激发比正常情况下强烈得多的神经化学反应。有研究者猜测，或许此时临终者正在经历与濒死体验者类似的体验，感受

《死与净化》是德国作曲家理查·施特劳斯的交响诗（单乐章的标题交响乐）作品，讲述了一位弥留之际的理想主义者陷入对往事的回忆：从童年时光的欢乐，到青春时代的爱情；刻画了他死后灵魂进入壮丽澄明之境的升华历程。

《最好的告别》是哈佛大学公共健康学院教授阿图·葛文德出版的畅销书。本书从医生的角度探讨了生命最后的岁月怎样过更有意义，我们可以做什么、应该做什么等问题。当衰老和死亡来临时，人们独立、自助的生活不能再继续维持，在生命临近终点的时刻，我们该和医生谈些什么，如何优雅地跨越生命的终点。本书通过大量的临床案例与真实故事，说明人应当如何理性地面对衰老和死亡，自我主宰，树立清晰的生死观念，从而摆脱生命终末期时只能把自己交由医学、技术和陌生人来掌控的命运。

那些温暖而愉悦的情境……或许在死亡之前，人所经历的这些奇妙的梦境或幻觉是人的大脑功能丧失时大自然馈赠给人类最后的礼物。不过，这只是一种猜测，并没有得到证实，人类在濒临死亡时，可能会经历濒死体验中人们报告过的那些感受，也有可能只感受和经历其中的一部分内容，无论如何，医生们无法确定你何时会出现何种幻觉，以及这些奇妙的幻觉出现的顺序和固定的模式。根据许多濒死体验者的叙述，这些令人愉悦的幻觉与梦境对人有一定的心理慰藉效果，它们会让死亡的过程与死亡归宿变得温暖甚至温馨，令人感到喜悦甚至向往。但是，人类死亡的最后时刻是否真的如濒死体验者描述的那样温暖和美好就不得而知了。不过，假如人的大脑完成了人活着时的思考使命，最后它的解体过程还为人们准备好了美妙的告别梦境，那么它当真是大自然赐予人类最美妙的礼物了：大脑在有意识的时候告诉人们要坦然接受死亡，在它失去意识、功能走向消解的时候还幻化出美妙的梦境。这简直太美好了，大自然赠予的礼物已经为我们准备好了一切！

我们或许永远都不会知道人在死亡之后究竟会发生什么，但是至少我们可以确定的一点是：当死亡来临时，我们可以在意识清醒的时候学会慢慢地接纳死亡，还可以学会坦然面对死亡带来的各种后果；而在意识解体后，也许大脑功能的逐步瓦解还为人类准备了最后的礼物，即幻觉和梦境，以此帮助人们克服对死亡的恐惧，让人们在面对死亡时得到心理慰藉，让人类最后的、最脆弱的时刻变得不那么凶险。这或许是每个人都可以希冀的事情，也是需要我们进一步探讨的事情。

第二章

生活世界的解体

人类的死亡除了是生理和心理过程，即自然生命的消失与心理现象的停止；同时也是社会过程，是文化现象，亦即死亡意味着人的社会身份的解体。从更为本质的角度来讲，人的死亡是一种社会关系的解体，包括人的身份、地位的失去，法律关系的终止，伦理关系的结束。死亡的社会过程，本质上是个体关系性生命的逐步消散过程。个体的社会生命死亡意味着社会生活的终止、和其他社会成员的各种社会交往及社会关系的结束。个体死亡的社会过程发生时，个体的人身上所特有的把人与其他动物区分开来的社会属性将逐渐消亡，人最后成为非人。总的来说，个体死亡之后，社会交往逐渐由日常状态转为非日常状态，直到最后完全终止。

第一节 公民身份的结束

现代社会通常都是由个体作为基本单位构成的，每个个体在法律之下获得一个公民身份，获得公民身份的个体应该享有法律赋予每个公民的权利，也必须承担法律为每个公民规定的义务。无论每个个体从属于什么样的组织，出生在什么样的家庭，处在什么样的地域等，每个公民都是承担法律责任、履行法律义务的主体。换句话说，任何人都只有成为公民才能被现代社会所认可，每个公民都需要在法律条文之下确认自己的身份。一个没有得到法律承认的人在现代社会不能算是真正的人，因为所有官方文件，包括身份证明、护照等都是建立在一个国家法律赋予的公民身份基础之上，离开了法律的确认，一个人不仅在一国一地之内，在国与国之间、地区与地区之间也寸步难行，无法光明正大地生活下去。公民身份的确立是现代人社会生命的开始。

社会生命的获得与自然生命的诞生不一样，自然生命是一个人与生俱来的，而社会生命的开始却建立在共同体的认可、国家法律规定的基础之上，即建立在现代公民身份的获得之前提下。从每个现代人社会生命开启的角度来看，个体公民身份的获得至少要满足两个基本条件：第一，自然生命的存在，即一个人已经降生于世；第二，法律文书的确认，即这个人的降生得到了国家法律的许可，并获得了相应的法律认证文书，比如身份证。反之，个体公民身份的失去也建立在这两个条件之上：第一，自然生命的结束；第二，法律文书的确认。一个人自然生命的结束依据的是医学上的死亡判断，而公民身份的结束则来自司法体系的确认和宣告。

司法死亡

在现代社会中一个人的死亡在社会领域的蔓延首先就是他公民身份的结束。公民身份的结束就是人的社会死亡的开始。由于现代公民肩负着国家与共同体赋予的权利与义务关系，在法律规定与法律文书制度下，每个人在他有生之年一举一动都必须在法律规定的范围内行动，超出法律允许的行为则不受到法律保护，甚至要受到严厉惩处。换句话说，当一个人做出超出法律允许范围的行为时，其公民身份就会遭到质疑，并可能被剥夺。此时，人的社会生命就将受到制约。触犯刑律的人，实际上他们的公民身份受到了限制，有的被判刑、有的被处决，这些制裁表明了其公民身份被法律强行限制甚至剥夺。由此可见，在社会领域中一个人的死亡要比自然生命死亡复杂得多，人在社会中死亡，不光意味着正常意义上的人自然生命的死亡，还可能意味着非正常死亡，比如被法律强行剥夺自然生命。

司法意义上的死亡，可以理解为公民法律关系的解体、权利与义务的消除。举例来说，司法上宣布某人死了，那么他个人欠下的债务一定程度上就清除了，背负的刑罚也消除了。所谓死亡意味着个体公民身份的结束，明确地说，就是指建立在公民身份基础之上的所有法律规定整体上将在人死之后失去效力。司法上的死亡是现代法治社会中人的死亡最基本的含义，一个人死了，必须在司法制度下得到说明和确认。因此，不同的死亡方式，正常死亡与非正常死亡，自然死亡与被谋杀致死，这些不同的死亡方式在法律规定与后续效力上完全不同，它牵涉的人和事也各不相同，因此，社会死亡以及由此带来的公民身份的解除某种意义上与人的死亡方式是分不开的。

死亡方式

人类自从诞生以来，死亡就如影随形地跟随其后。迄今为止，导致人类死亡的原因数不胜数，寿终正寝的善终理想虽然为人们所向往，但是偶然原因导致的意外死亡，甚至年纪轻轻就夭折的情况无论如何都不是什么新鲜事，更有受尽折磨、痛苦无奈、最终艰难离世的死亡，人类死亡的具体原因和过程实在难以统计，死亡的方式更是千奇百怪，法国哲学家蒙田对此曾感慨道：

> 死亡又有多少种袭击方式？且不说发高烧和胸膜炎病人，谁想到一位布列塔尼公爵会在人群中挤死？我的邻居教皇克莱芒五世进入里昂也是这样。你没看到我们的一位国王在比武游戏中被误伤丧了命吗？他的一位祖先竟会被一头公猪撞死？埃斯库罗斯眼看一栋房子要坍塌，徒然躲到空地上，有一只苍鹰飞过空中，从爪子里跌下一块乌龟壳，把他砸死了。还有人被一颗葡萄核梗死……[1]

死亡对于人类来说具有太多不确定性，它以何种方式降临到人们头上虽然跟人们平日的生活状况有一定关系，但个人却无法保证死亡必定以什么样的方式降临到自己头上，当然，自杀除外。长命百岁、儿孙满堂，临终时有亲人相伴，这大概是中国人最希望看到的一种离世情景；暴病而亡、中途崩殂，死时孤家寡人，这应该

1 蒙田：《蒙田随笔》。

是中国人最不希望看到的死亡方式。偶然原因导致死亡的现象总是令人感到难以接受，虽然众多因素聚集造成的归因困难导致了人们难以持久地关注人类非正常死亡的原因和方式，但是，世界上非正常死亡的人数并不在少数，据报道称：中国某一年曾有超过800万人死亡，而其中有320万人属于非正常死亡，也就是说，在这一年中，有将近一半的中国人非正常死亡，即偶然原因导致死亡。另据中国统计局官方数据显示，每年中国死于交通事故的人数大概在4万—5万人左右，按照4.5万人估计，平均每天死亡123个人，大约每12分钟就有一个人死于交通事故，这还仅仅是交通事故死亡一项。非正常死亡现象在人们生活中并不罕见，然而，由于人们有意无意地回避了这个问题，或者不愿意把它的危险性与自己关联起来，所以非正常死亡才显得那么不寻常，甚至难以理解。

死亡的偶然性现象是人们最难以释怀的事情，暴死或横死街头，相较于人们在医院里得到医护人员的良好照顾而死去显得更加让人难以接受。无论如何，人的死亡从来无法回避偶然因素的侵扰，有时遇到偶然原因导致的死亡，人们除了忍痛接受之外似乎没有更好的办法。不过，偶然因素导致的死亡也有具体的区别，在人类社会中，人为因素导致的死亡（无论是故意还是无心）常常不会被人们轻易放过，蓄意地、有计划地致人死亡就更为人类社会所不容。因此，在司法意义上，人的死亡严格来说只有两种方式：一、自然死亡，二、人为致死。前一种方式无论是老死，还是病死，都只是人类自然生命的终结，总体来说致死原因在自然规律；后一种方式则显得比较复杂了，无论是致死原因还是死亡方式都与人有关，这是人类社会自身的问题，也是人性的问题。在后一种死亡方式中，自杀行为与谋杀行为是最引人注目的。谋杀作为一种严重的罪行在任何社会都是不被允许的，在法律上都有明确的惩罚规定，由谋杀带来的死亡最终不光让受害者丧失公民身份，谋杀者本人也会被公民社会所排斥，换句话说，谋杀者最终将会被法律剥夺公民身份以及相应的权利，此时，谋杀者的社会生命已经走向死亡或者已经死亡。任何一个社会、国家、共同体都不可能容许谋杀者的存在，因为只要有一个人被允许有谋杀他人的权利，并且不受惩处，那么任何人都有可能被他人杀害，届时任何人都不安全了；同时，这也意味着任何人都有杀死他人的权利和可能，因而人人都可能成为谋杀者，这样整个社会就可能出现人人相杀的局面；人人自危，社会必然瓦解。因此，谋杀致人死亡是对整个社会的挑战，它势必遭到共同体的制止和报复。通常，谋杀致死的受害者，他们的死亡原因与死亡方式等信息都需要司法机关进行侦查和确认，他们的死亡是社会性事件，是法律必须管辖和负责的事情。但是自杀而死这种方式法律通常显得比较无力，这种致死现象更是让人难以理解。当今社会自杀研究及其危机干预已经是专门的学术研究领域与社会事务，此处不能涉及太多。需要说明的是：司法体系对自杀行为干预有限，当自杀行为发生之后，人们除了进行法医鉴定和宣告自杀死亡之外，似乎并没有太多可以做的事情。这意味着自杀作为一种特殊的死亡方式实际上超出了法律管辖的范围，它与谋杀不同。自杀死亡与自然死亡本来是不一样的，但是，在司法处理上似乎并没有太多不同，相关机构只能宣告死亡事实，并取消死者公民身份。

自杀现象是个非常复杂的社会现象，它受到来自生理的、心理的、社会的、个人信念的等诸多因素之影响，面对一个自杀死亡的案例，整个社会都可能为之感到震撼：从生物求生本能的角度来看，自杀行为是很难理解的，许多人为了活下去，不惜一切代价延续生命，可是，自杀者似乎全然不顾惜自己的生命，俨然成了一个个扎眼的社会异类。那么，我们要如何理解自杀行为？人为什么不应该自杀？这就不能只从法律角度来解释和解决问题了。这里有一个推论，或许可以说明为什么任何社会都否定自杀行为：如果人可以杀死自己，那么人人都可以杀死自己；如果人人都可以杀死自己，那么理论上可以预见一种前景，即人人自杀，世上最终不再有人，也不会再有人类社会。也就是说，自杀看起来是一种个人行为，实际上它会损害整个社会的存续。社会的存续与人类生命的延续是最基本的伦理诉求。因此，社会要延续下去，人类要生存下去，必然会要求禁止自杀。另外，从深层次上看，自杀者到底要杀死什么，其对象其实并不是完全一样的，无论自杀者是要杀死自己的自然生命，还是结束自己的身份，或者要切断与他人的联系，或者要否定整个社会的价值等，这些想法都存在问题，它最终无法让自杀者如愿：因为作为主体的自己是没有办法被杀死的，无论自杀者是否认同自己的主体地位，在终极意义上人是杀不死自己的。自杀在社会中被否定几乎是必然的，在人类早期的宗教教义中，自杀行为几乎都是被禁止的，有些宗教教义甚至明确规定了自杀是一种罪过，比如说基督教。基督教教义认为作为上帝造物的人，是没有权利毁掉自己生命的，因为个体生命是上帝赐予的，人没有资格损毁，这也是有些基督教国家禁止堕胎的原因，他们认为人没有资格剥夺自己和他人的生命，因为人的生命来自上帝。佛教“禁止杀生”的教义更是明确指出杀死自己或者谋害他人生命都是罪恶。总之，自杀现象虽然在人类社会一直存在，但是，几乎所有社会都认为人是不应该自杀的。不应该自杀不是法律意义上的而是伦理上的要求，相信没有任何法律会赋予个体自杀的权利，也没有任何伦理原则能说服人们自杀是普遍原则。

死亡证明

无论是自然死亡，还是人为致死，人死之后，其公民身份将被取消，这其中需要一个法律文书来证明公民的死亡，这就是死亡证明。在中国，死亡证明在正常情况下是由医院直接出具，即当有人在医院去世，死亡原因明确，没有人为致死因素干扰，这时医生就可以直接为逝者给出死亡证明，即《死亡医学证明》；对于公民正常死亡但是无法取得医院出具的死亡证明的，则可以到居(村)委会或卫生站(所)开具死亡证明；非正常死亡或者卫生部门不能确定是否属于正常死亡者，到公安司法部门开具死亡证明；已经火化的，到殡葬部门开具火化证明。死亡证明开出以后，公民还需要到公安机关注销个人户籍，清除个人身份痕迹：城市居民在安葬之前、农村居民在死后一个月内，由户主、亲属、抚养人或者邻居持死亡证明、居民户口簿及死者的居民身份证向户口登记机关申报死亡登记，注销户口。如果公民在暂住地死亡的，暂住地户口登记机关根据死者暂住地的户主、旅店管理人或者户内其他人员的申报，将死者的姓名和死亡的地点、时间、原因等通知死者常住地户口登记机关，由死者常住地户口登记机关办理死亡登记，注销户口。登记机构在办理公民死亡注销手续时，要缴销死者的居民身份证，单身独户的，还会收缴居民户口簿。

第一联 出证单位保存

居民死亡医学证明书

编号		
死者姓名	性别 1 男 2 女	如果是女性，其属于哪种情况：1. 死前一年内没有怀孕 2. 死时怀孕 3. 死时未怀孕，但死前 42 天内曾怀孕 4. 死时未怀孕，但死前 43 天至一年内曾怀孕 5. 不清楚死前一年内是否曾怀孕

民族　主要职业及工种　身份证号码

户口所在地　省　市　区(县)　街道(乡)　村（居委会）

生前常住地址　省　市　区(县)　街道(乡)　村（居委会）

婚姻状况　1 未婚　2 已婚　3 丧偶　4 离婚　9 不详

文化程度　1 大学及以上　2 中学　3 小学　4 文盲或半文盲　9 不详

生前工作单位

出生日期　年　月　日　死亡时间　年　月　日　实足年龄

死亡地点　1 医院病房　2 急诊室　3 家中　4 赴医院途中　5 外地及其它　9 不详

可以联系的家属姓名　联系电话

家属住址或工作单位

致死的主要疾病诊断(请填写具体病名，勿填症状体征)	发病到死亡的时间间隔
Ⅰ* (a) 直接导致死亡的疾病或情况：________	________
(b) 引起(a)的疾病或情况：________	________
(c) 引起(b)的疾病或情况：________	________
(d) 引起(c)的疾病或情况：________	________

Ⅱ* 其它疾病诊断(促进死亡，但与导致死亡无关的其它重要情况)：________

死者生前上述疾病最高诊断单位：　1 省级医院　2 地市级医院　3 县区级医院　4 卫生院　5 村卫生室　6 未就诊　9 其它及不详

生前上述疾病最高诊断依据：1 尸检 2 病理 3 手术 4 临床+理化 5 临床 6 死后推断 9 不详

住院号　医师签名

医疗单位盖章　填报日期　年　月　日

根本死亡原因：　ICD 编码：

备注：

调　查　记　录

存死者生前病史及症状体征：

被调查者姓名

与死者的关系

联系地址或工作单位

电话号码

死因推断

调查者签名

调查日期：　年　月　日

第三联 户籍管理部门保存

居民死亡医学证明书

编号	
死者姓名	性别 1 男　2 女
民族	实足年龄
身份证号码	
户口所在地　省　市　区(县) 街道(乡)　村（居委会）	
生前常住地址：　省　市　区(县) 街道(乡)　村（居委会）	
死亡原因	
死亡日期　年　月　日	
家属姓名及联系处	
医生签字	户籍民警盖章
医疗单位盖章 年　月　日	派出所盖章 年　月　日
填报日期：　年　月　日	

死亡证明是非常重要的法律文书，通常，人在医院死亡，一般开具死亡证明有现成格式，只要根据格式填写相关内容就可以了；如果在家里正常死亡的话，需要去当地的居委会开具死亡证明。因为死亡证明牵涉许多事情，所以了解开具死亡证明的流程与方式非常必要。

死亡证明的出具，标志着公民法律生命的结束，即法律规定的公民权利与义务关系正式终止。从死亡证明的出具开始，公民的身后事以及与之相关的遗产继承事务也随之开始。简言之，以死亡证明的出具作为时间节点，从此以后社会上再无此人，与之相关的一切都将随之清理或清零。

遗嘱与遗产

人活着的时候多少会拥有一些东西，人死之后这些东西则成了个人遗物或遗产。如果没有留下遗产，就不存在遗产继承问题；但是，如果逝者留下了遗产，这时候就涉及遗产继承问题。通常，遗产必须等待被继承人死亡之后继承人才能合法取得。而被继承人死亡时间是以死亡证明上所记载的时间为准的。一般来说，继承人需要在被继承人死亡之后，到相关机构办理死亡证明，因为只有根据死亡证明和有效遗嘱，法定遗产继承程序才会正式启动。

一个人死了，或者说他即将死亡，围绕他留下的财产而有可能产生的纠纷会令逝者始料未及，甚至让尚未死亡的濒死者感到痛苦、难以接受。因此，对于现代人来说，死前立好遗嘱，提前处置好身后的财产分配既是为个人死亡提前做好准备，又是为避免身后事出现不必要的纠葛。因为争夺遗产而导致继承人之间打得头破血流、家破人亡的情景不是电影、电视中才有的，现实生活中人们为了遗产继承而相互攻讦、算计，甚至打官司的事情并不罕见；因为遗产而导致继承人之间关系恶劣甚至完全破裂的更是不足为奇。这些事情如果在被继承人死亡之后发生，还不至于让当事人感到困扰；但是，如果这些事情在被继承人死亡之前发生而把生命垂危的被继承人弄得痛苦不堪，那么，这就是不折不扣的人生悲剧了。遗产继承制度告诉人们：个人生命和财产安全是现代人两项最基本的权利，当公民失去生命时，那么个人财产的承担主体必须有一个转移和交接，否则有可能会因为个人遗留下的财产所有权空缺而导致人与人之间的矛盾和冲突。因此，无论人们是否愿意，现代公民在死亡之前立好遗嘱，指定合法遗产继承人、继承份额、继承顺序，联系好遗产转移交接专业人士和进行遗嘱公证是非常必要的事情。这既是人们死亡准备的题中之意，也是个体意志保障与意愿传承的必要步骤。

所谓遗嘱，法律上是指自然人生前按照法律规定的方式，以书面或口头的形式，对其个人的合法财产以及与财产相关的事物进行预先分配，并于其死后发生法律效力的一种民事行为。一般来说，书面遗嘱相对口头遗嘱认定起来更为方便。在遗嘱效力上，当新的遗嘱出现时，旧有遗嘱就失去了法律效力。遗嘱可以进行公证，在没有新的遗嘱出现时，公证的遗嘱一直具有法律效力。当然，并非每份遗嘱都有法律效力，只有符合法律规定的遗嘱才有效。需要注意的是：遗嘱确立并确认有效，继承人或受赠人的遗产继承也有一定的保护期限，若过了法律的保护期限，一旦继承权受到侵害，法律就不再予以保护。

遗嘱要点

1.《中华人民共和国继承法》规定：遗嘱人具有完全民事行为能力，才可以依法设立遗嘱，自由处分自己的合法财产。

2. 遗嘱内容不得违反公共利益，损害了社会公共利益，或者是有违反社会公德的，则不能生效。立遗嘱时所处理的财产必须是个人财产，如果遗嘱人以遗嘱形式处分了属于国家、集体，或者他人财产的，相关遗嘱部分无效。遗嘱内容必须是遗嘱人的真实表示，如果遗嘱人是在受到胁迫、欺骗时所立的遗嘱，则遗嘱无效；另外，伪造的遗嘱也无效，遗嘱被篡改的部分也属于无效。

3. 法定的遗嘱形式主要有公证遗嘱、自书遗嘱、代书遗嘱、录音遗嘱和口头遗嘱五种。

公证遗嘱。是指经过国家公证机关依法认可其真实性与合法性的书面遗嘱，因为经过了国家公证机关的公证，故其效力最高。遗嘱的效力以最靠后的时间为准。

自书遗嘱。是指由遗嘱人亲笔书写制作的遗嘱。同时要签名注明年、月、日。

代书遗嘱。是指由遗嘱人口述遗嘱内容，他人代为书写而制作的遗嘱。代书遗嘱需要有两个以上没有利害关系的见证人在场见证，所谓无利害关系人是指与遗嘱及继承关系不相关的人，通常，继承人的近亲属、债权人、债务人等不宜做见证人。

录音遗嘱。是指以录音方式录制下来的遗嘱人的口述遗嘱。

口头遗嘱。是指由遗嘱人口头表述的，而不以任何方式记载的遗嘱。录音遗嘱、口头遗嘱都应有两个以上没有利害关系的见证人在场见证。口头遗嘱主要靠两位见证人的口述，其真实性、确定性难以保证，所以遗嘱人通常只有在极其危急，无法订立别的形式的遗嘱的情况下，才可以立口头遗嘱。

遗嘱范文

立遗嘱人：xxx

性别：x

民族：x

出生日期：x 年 x 月 x 日

家庭住址：xxxxx

身份证号：xxxxxxxxxxx

遗嘱执行人姓名：xxx

性别：x

家庭住址：xxxxx

身份证号码：xxxxxxxxxxx

由于担心本人去世之后家属子女因遗产继承问题发生争执，故本人特请XXX作为见证人，本人于x年x月x日在x市x区立下本遗嘱，对本人所拥有的财产做出如下处理：

一、财产情况　本人名下目前共拥有房产【　】处，其具体情况如下：

(1) 位于xx市xx区xx路xx号xx室的房产1处，房产证号：xx，内部装修及物品情况：xxxxxxxx;

(2) 位于 xx 市 xx 区 xx 路 xx 号 xx 室的房产 1 处，房产证号: xx，内部装修及物品情况: xxxxxxx。

二、财产继承　本人去世之后，上述所列举的房屋由 xxx 个人继承 (性别: x ；出生日期: x 年 x 月 x 日；身份证号码 xxxxxxxxxxx，与本人关系: xxx)。如继承人继承遗产时　有配偶的，继承人所继承房屋与其配偶无关，为继承人的个人财产。本人去世之后，本遗嘱前述列明的 xxx 作为执行人，代为执行本遗嘱。执行人出于诚实、信用、勤勉义务执行本遗嘱且经继承人同意所发生的一切合理费用均由继承人承担。本遗嘱一式 x 份，一份交 xxx，一份交 xxx。本人在此明确，订立本遗嘱期间本人神志清醒且就订立该遗嘱未受到任何胁迫、欺诈，上述遗嘱为本人自愿作出，是本人内心真实意思的表示。本人其他亲属或任何第三人均不得以任何理由对继承人继承本人所有的上述房屋进行干涉。

见证人 (签字) : xxx

立遗嘱人 (签字) : xxx

日期: x 年 x 月 x 日

死前订立遗嘱，这对于许多当代中国人来说还并未成为明确的意识，许多人表面上看起来不太关注逝者的遗产分配，可是实际上等逝者身后事开始料理，真正到了处置遗产的时候就开始变得关心起来。可是，此时如果没有明确的遗嘱在先，后续的遗产处理会非常混乱、麻烦。法律虽然规定了遗产继承的条件、资格与顺序等，但是由于人情、面子或各种别的因素的考量，人们在不求助于司法机关的情况下，往往把遗产继承过程变得异常扭曲，甚至演变成一种私下里的赤裸裸的财富争夺，此时，无意做遗产分配的初心，既无法保全人与人之间貌似重要的情面或关系，也无法保证正常的遗产交接和继承。因此，在现代社会产权制度清晰、所有权概念日益明确的前提下，人们必须明白一点：立遗嘱保障遗产的顺利继承，既不是关系家庭情面的事情，也不涉及传统的家族一体观念，而是关系到个人理性处置遗产所有权交接的问题，同时，它还可以保障个人意志的最后实现。实际上，个人遗产到底如何处置，只要不违法，完全是个体自由支配的事情。换句话说，个体处置遗产是在处置自己与人世中特殊个人的财务关系，并让个人最后有机会抹去法律赋予自己的个人公民身份之痕迹。因此，无论我们是否愿意，或者是否舍得，把自己的财产所有权交给其他人，最后亲手抹去自己公民身份的痕迹，这就是一种死亡准备，也是人们接受死亡的表现之一。

《遗愿清单》是由罗伯·莱纳执导，杰克·尼科尔森、摩根·弗里曼、西恩·海耶斯、比弗莉·托德等主演的电影，于2007年12月25日在美国上映。影片讲述了两位身患癌症的末期病人机缘巧合之下相识，并结为好友，二人决定在余下的日子里，完成他们内心的“遗愿清单”的故事。两位老人希望没有遗憾地离开人世，完成那些他们曾经想做而没有做的事情，由此实现人生的圆满。

第二节 与人世分离

一个人作为某个国家的公民，拥有法律赋予他的各项权利与义务，并享有公民的尊严，法律要求公民在日常生活中遵守法律规范，按照法律关系来履行其权责。一个人，除了法律赋予的公民身份之外，往往还扮演着人世的其他角色，这些角色与个人身份虽然都与法律有关，但又不是法律关系和法律规范能完全涵盖的。当涉及个体的自我认同、自我要求以及社会关系的承认与确认时，就涉及伦理关系和其他社会关系，其中，还包含个体对自身的认知和要求、个人对社会的认同，以及社会对个体的承认和肯定等。因此，当个体的社会死亡发生时，在社会中至少有两个方面的事情正在发生：第一，个体死亡，社会主动宣告与他的关系中止；第二，个体主动或被动地解除其承担的伦理关系，并与其生活世界切割开来。

死亡与讣告

当个体死亡时，社会随后主动宣告与其社会关系中止，人的社会死亡开始。往往，这种死亡是从个体的死亡讣告和死讯传播开始的。

讣告，通常是指死者亲属向亲人朋友以及有关方面告知死亡信息，让人知晓死讯的一种信息传递方式，也叫报丧、告丧。报丧通常是人死之后的第一种仪式，有研究资料称，报丧早在中国周代时期就已经有了，可见用讣告传达死讯其实就是传统社会所谓的报丧习俗。中国传统的报丧习俗在不同民族都有体现，人死之后，把死亡信息传达出去，方式和禁忌多种多样，这其中包含深厚的文化传统。讣告、报丧，实际上是在向死者所生活的社会、国家、共同体进行公告，告知逝者相关的社会关系对应方，他们与死者相关的社会关系将要中断，并邀请他们前来见证逝者的离去以及与逝者作最后的告别。当今社会，讣告已经成了告知某人去世消息的一种专门文体。一般而言，当代中国社会的讣告是由死者所属单位组织的治丧委员会或者家属发出，传达的对象则是死者的亲朋好友、同事，社会公众等，目的是向他们报告某人去世的消息。讣告通常在遗体告别仪式之前发出，因为这样可以让死者的亲朋好友提前做好安排和相关准备。当今社会，讣告传达的方式比较多样，人们既可以通过传统媒体（如报刊、电视）也可以通过新媒体（如微信、微博）进行发布，只要能达到尽快传播死亡信息的目的就可。讣告常见的有三种形式：一般式、公告式、简便式。通常公告式讣告比较正式，比如社会上重要人物去世，往往会采用公告式讣告，这类讣告往往由上级机关或团体发出，一般适用于重要的政治人物和具有重大影响力的人物。在中国传统社会，正式讣告的撰写比较有讲究，比如有的地方报丧用的讣告，一般只写亡人生前的官衔、品级，而不写亡人的履历和生平事迹等。

在人们生活中最常见的讣告当数公告式讣告了，其中，由官方机构或上级组织发出的公告式讣告最常见，流传也最广，这些讣告其主角通常都是社会各界的精英名流，其死亡被人们当成是社会的大事件或大新闻。相对而言，普通人、不知名人物的讣告，就显得冷清许多，甚至有的人死亡之后根本就没有发出讣告，只有少数生前亲朋好友闻讯赶来。通常，由讣告的流传广度、热度可以推断逝者生前的社会影响力，一般而言，一个人生前影响力越大，死后得到的认可越多，他们享有的哀荣就越多。相较而言，普通人死后很难引起反响，甚至没有讣告，没有仪式，死讯传达也只是口头的，相形之下，总难免令人心生悲凉：现代社会，普通人的死亡显得全无人伦身份之特点，个人除了生前的功绩与影响之外，似乎没有什么其他理由在死后享有哀荣，不值得隆重纪念。而在中国传统社会，虽然社会成员之间等级森严，但在死亡

讣告

× × 市原政协委员 × × × 同志因病医治无效不幸于 × × × × 年 × × 月 × × 日 × × 时 × × 分在 × × 市逝世，终年九十岁。兹定于 × × 月 × × 日 × 午 × 时，在 × × 火葬场火化，并举行追悼会。谨此讣告。

× × 市政协

× × × × 年 × × 月 × × 日

正式讣告示例

之事上人伦特点仍然十分明显，有些观念至今令人印象深刻，这可在《中庸》中得到印证：

> 斯礼也，达乎诸侯大夫，及士庶人。父为大夫，子为士，葬以大夫，祭以士。父为士，子为大夫，葬以士，祭以大夫。期之丧，达乎大夫。三年之丧，达乎天子。父母之丧，无贵贱，一也。

可见，在古代社会，礼制上，丧葬之事，虽然不同层级的人丧祭之礼有差别，但是如果是父母，则无所谓贵贱，这种观念明显更注重人伦而不是社会等级。在今天平等的观念之下，无论是谁，在死去的时候都应该得到足够的重视，哀荣可以是一种社会表彰，但是普通人在生命结束时也应该享有基本的礼遇，这并不需要什么特别的理由，只要一个观念就够了：每个人都应该享有人世的尊重、死亡的尊严！在这一点上，中国传统社会许多礼俗至今仍值得我们借鉴，比如报丧习俗[1]，虽然不同民族和地域报丧的做法和观念各不相同，但是大多数情况下每个去世的人都可以享受相应的礼遇和尊重，这就不是功利主义的做法，而是更为文明、人性化

1 文献记载，“报丧”一词最早源于周朝，它是一种处理丧事的特殊礼仪。中国人葬礼中的报丧习俗源远流长，据《左传·隐公三年》记载：“平王崩，赴以庚戌，故书之。”郑玄注：“赴，走告也。今文赴作讣。”《礼记·檀弓上》载有“伯高死于卫，赴于孔子”的事。诸多古典文献表明，中国古人对报丧礼仪非常重视。一般而言，汉人的丧葬习俗中，人过世以后，停柩一段时间，诸事准备就绪，就要选好日子报丧（转下页）

（接上页）了，报丧是人死后的第一种仪式。一般情况下，人们会用发信号的方式，把有人逝世的消息告诉亲朋好友和邻近乡亲，即使已经知道消息的亲友家，家属也要照例过去报丧。在汉族的观念里，报丧不仅是一种形式上的礼仪，更是一种和亲属家人一起分担悲痛的做法。
通常，不同的地方有不同的报丧方式。比如，在中国广西一带，按照旧规矩，响三次火炮就表示报丧，这叫做"报丧炮"，然后再派人去告诉亲友。在江浙一带，报丧习俗是用伞来暗示的，报丧的人带着一把伞，把伞头朝上、伞柄朝下，放在门外，来表示凶信。在东北一带，人们用在门外悬挂纸条来报丧。纸条数是以死者年龄的不同来确定的，一岁一条，另外加上两条，表示天和地。并且他们依据死者性别的不同来决定悬挂纸条的位置，死者是男性则悬挂在门的左面，死者为女性则悬挂在门的右面，人们一看到门口的纸条就知道这家死了人、死者的寿数、是男是女等，相关信息一目了然。中国少数民族的报丧习俗更是别具特色。比如，云南一带的怒族用吹"竹号"来报丧。竹号的数目根据死者的年龄、身份不同而有所不同。在中甸、维西一带，不少民族用吹牛角来报丧，也有一些地区的少数民族吹海螺。景颇族、拉祜族、黎族、滇南瑶族等少数民族用放枪来报丧，如果死者是女性的话则敲锣。在景颇族中放枪的数目还有严格的规定，死者是男性的话放偶数响，死者是女性的话鸣奇数响。

的理念。如果每个人人世生活的结束都应该公之于众，并让逝者的社区与社会关系相关方能够共同前来回顾和重新认识逝者，并以某种方式传颂或记住逝者，那么，人的后事应该成为每个人最后的节日，而不该是草草收场、仓促了事和随意应付。

社会关系结束

当讣告传达出去，人的死亡信息开始送达相关方面。公告式讣告是由官方机构或者上级组织或个人所在单位发出，一方面表明个人的死亡在组织机构中得到了重视，甚至有时还会由官方出面组成专门的治丧机构，为个人料理后事；另一方面讣告也在告诉人们：属于某个机构或组织的某人已经死亡——这种温情脉脉的宣告背后，实际上是要告诉人们一件事：某人已死，从此，我们机构再无此人。曾经的工作关系宣告解除，机构与逝者之间的经济关系也自然宣告解除。更明确地说，当讣告发出来以后，个体在人世的各种社会关系即将解体。

人是各种社会关系的总和，人的死亡实际上就是各种社会关系的解体。在当代社会，在人的各种社会关系中，人们的经济关系被特别瞩目，每个人都被设想成经济关系中的人，或者更明确地说：每个人都是需要活在经济关系中的人。当人们实际参与经济活动，在此之中形成的人与人之间的经济关系就成了人们日常生活中最基本的关系：雇主与雇员，上级与下属，同事之间，这些熟悉的概念背后实际上是人们日常工作中最常遇到的人与事。可是，非常遗憾的是：尽管有时人们在经济生活中形成了紧密的工作关系、同事关系，可是一旦遭遇个体死亡，这种关系就立马显现出另外一幅全然不同的图景：人死之后，工作关系解除，同事关系终结，新人补充缺口，个人工作过的地方以及他留下的痕迹即将被清除，甚至有时人们对同事之死根本就不关心。总之，工作与经济关系在遭遇死亡这件事时，怎么看都显得有些凉薄。实际上，这种凉薄的个人关系背后实则是利益关系。人们在经济生活中努力工作无可厚非，但是，无论人们工作多长时间，工作关系有多紧密，工作中主宰性的无非是利益关联。因此，先撇开工作关系中的利益纠葛不论，哪怕人们处于融洽的工作关系中，人与人之间仍然难以摆脱经济利益的主导。这种以经济利益为前提的人际关系十分脆弱，在这种关系中，独特的个体似乎是不需要的，而能够完成公司交付的任务或设定的目标才是最重要的。因此，个人只是达成公司经济目标的手段，而不是目的本身。所以，人死之后，公司顶多进行经济损失的计量，而不会在意此人是否有经济之外的价值，因而立马进行人员补充就成了公司优先考虑的事情。死亡对于许多人来说是残酷的事情，而对处于经济关系中的人而言，这种残酷显得更加明显：一个人为了工作，为了某个经济组织辛苦勤勉地付出一生，可是到头来只是被当成一件达成组织目标的工具；而且，在死亡到来时，直接以替换工具的方式来对待逝者。可见，经济关系中人的死亡是没有人情味的。经济关系的中断，虽然不只是人死之后才会发生的事情，但是面对死亡时，个体经济关系的终结会更加迅速和无情。这一点对于工作狂来说或许是个提示：你可以努力工作，但是永远不要以为工作是你的全部，你以为工作是你的全部，实际上你在工作关系中只是随时可以被替代的、微不足道的组成部分。人类为了生存，必须在一定的经济关系中生产生活，但是，作为人，经济关系绝不是人生的全部，在面对死亡时，这个道理会显得更为清楚，所谓“生不带来，死不带去”，在经济关系中创造的全部东西就属于这一类型。

如果人生在世除了经济关系之外，还有什么别的重要的社会关系，那么，这就不仅仅涉及人的生存，更涉及人伦世界的责任与义务。

人伦世界瓦解

人死之后，家属通常是料理逝者后事的人，丧亲家属在亲人死之后表现出悲伤与缅怀之情十分常见，家庭关系是一种伦理关系，处在伦理关系中的人，逝者的离去似乎不会影响他们之间的感情和关系。活着的人可能还希望继续扮演相应的伦理角色，子女思念离世的父母，父母痛惜早逝的孩子，妻子和丈夫还希望对方继续存在，这种由人情和伦常组成的社会关系似乎没有随着人的离世而土崩瓦解。这一点相对于经济关系中的人显得很不一样，人死之后，人们在伦理关系中通常不会考虑迅速结束这种关系，甚至还会反其道行之，希望维系这种伦理关系，这种想法放在逝者身上是如此，放在那些离死亡威胁似乎更近的人群身上亦是如此，这样的考虑有时显得非常不经济，孟子就说：

> 老而无妻曰鳏，老而无夫曰寡，老而无子曰独，幼而无父曰孤。此四者，天下之穷民而无告者。文王发政施仁，必先斯四者。

鳏寡孤独四者，从人伦关系来看，孟子认为他们非常艰难，因为他们的人伦世界不完整。而对逝者来说，随着逝者的离去，他们原来生活于其中的人伦世界之瓦解实际上不可避免地要发生了。

一个人离开人世，哪怕活着的人如何怀念他，如何希望他继续存在，可是能承担人世各种责任与义务的这个人已经不在了。也就是说，在所有伦理关系如父子、夫妇、朋友等伦理关系中，如果其中一方已经不复存在，即便人们还是把逝者放在这些关系中来看待，但是在人们实际的伦理生活中，这种关系已经变成了活着的人单方面的事情了，而活着的人以为他们还可以继续履行责任与义务，可是实际上却没有真正的伦理责任承受方了。人们可以继续把逝者当成是他们的父母、夫妇、朋友等，这层关系看起来没有变化，不过它实则已经不再是伦理关系，而是变成了活着的人与逝者的关系，用哲学术语来说，变成了现实的存在者与超验的存在者之间的关系。人死之后，人与人之间的伦理关系之解体实质上已经完成，这与人们希望继续维系伦理关系的情感或愿望已然无关。

人死之后，人与人之间的关系变成了人与逝者之间的关系。这不再是人世的关系，而是人与超验世界的关系。人伦世界的解体，除了事实上人与人之间的关系变化，更重要的是那个可以主动承担人世伦理义务的主体不再能继续承担原来的责任和义务了。简言之，人死之后，作为父母亲，不能再尽义务照顾自己的孩子；作为子女不能再尽孝；作为朋友，不再能帮助他们的朋友，诸如此类的人世伦理义务将无法再履行。因此，就像海德格

《存在与时间》

《存在与时间》是德国哲学家海德格尔的重要作品，被认为是20世纪重要的哲学著作之一，在哲学、文学、神学、心理学等领域产生了广泛而深刻的影响。此书中海德格尔关于死亡有非常精深的论述，著名的“向死而生”说在此书有深入讨论。本书可谓现代死亡哲学研究的一个高峰，书中关于死亡与存在的论述影响深远。

尔所说："死作为此在的终结乃是此在最本己的、无所关联的、确知的、而作为其本身则不确定的、不可逾越的可能性。死，作为此在的终结存在，存在在这一存在者向其终结的存在之中"[1]，死亡作为人生在世超不过去的可能性，当它发生时，取消了人的一切可能性。人即便希望继续承担人世的伦理义务，主动实现其内在的自由和可能性，但是这已经不可能了。所以，如果从人主动承担人的伦理义务角度来看，当人无法继续履行其义务时，人的伦理生活实际上已经终结，更明确地说，即人的伦理世界已然瓦解。

人伦世界的瓦解是人死之后社会性死亡的另一个方面，人伦关系的事实性终止常常令人感到不适，人们会不断地回想过往处在人伦关系中的他人，继续把他们当成自己的父母、子女、夫妇、朋友等，但是，人们又不得不接受一个事实：人死之后，人与人之间的关系已经改变，人与人之间的关系变成了人与逝者之间的关系。人们可以继续向逝者保有自己的情感、信念、意志、希望等，然而这种想法不再是关涉人世的事，而是涉及人与超验存在之间的关系问题。

人的死亡，是人向人世的辞行和隐退，死亡之际，人所应当尽的人世责任结束了，人在此时完全可以坦然离去，而不要总觉得还有许多尚未尽到的责任，尚未做完的事情。那些所谓未完的

1 海德格尔：《存在与时间》，陈嘉映、王庆节合译。北京：生活·读书·新知三联书店，1999 年，第 299 页。

义务一方面无法继续了，另一方面或许根本就不属于临终者和逝者操心的范围了。中国人有所谓盖棺定论一说，也就是说，人死之时，卸下人世的重担本身乃死亡之一义；另外，人们对逝者一生所做所为进行总体评判，实际上表明人们接受了逝者的离世以及他们不再尽人世义务的事实。因此，临终者的各种人世牵绊，或者继续在人世有所作为的意图，看起来可能非常感人，甚至令人由衷赞叹，但遗憾的是：它们多少有点是对人世的僭越、对生命的僭越、对后世子孙义务的僭越。换句话说，这是对人们已经不在其中的人伦世界的留恋和僭越。将死之人、已死之人，他们无须再承担人世的责任与义务。

生活世界隐退

人生在世，除了处于经济关系、法律关系、伦理关系等正式的社会关系之中，还生活在一个充满陌生人和外部环境的生活世界中。

群居是人类的习惯，也是人类社会得以形成的原因之一。虽然在人的一生中，会有许多人在我们的生活世界中出现，但是，他们并不一定与我们有什么经济关系、法律关系或伦理关系。其中，许多人只是我们生命中的过客，他们来了，我们不知道他们何时而来，不认识他们是谁，甚至不曾关心他们到底为何会出现；他们走了，我们依然不知晓他们为何而走，甚至不愿意了解他们走向何方。这些人我们通常把他们叫做陌生人。在人类熟悉的生活世界中，或者说自觉的人际关系中，陌生人是没有地位的。简言之，虽然人类世界人口数十亿之众，但是真正成为我们生活世界一部分的人却少之又少。我们简直难以置信：人终其一生，面对人类社会如此庞大的人口基数，但大多数时候他们中的绝大多数人看起来与我们并无交集，与我们的日常生活世界并不相关。

从单纯的经济关系、法律关系、伦理关系来看，一个人终其一生的确只与少数人有一定交往，而其他人则大多数情况下维持在陌生人状态。尤其在传统家族社会、人情社会解体的前提下，原子式个体组成的现代社会越来越向陌生人组成的社会发展。换句话说，甚至在经济关系、法律关系、伦理关系中有一定联系的人群，在日常生活中依然可能并不熟识，就像在同一栋大楼里同一楼层生活的邻居，大多数情况下彼此之间不认识，不相往来，也没有生活交集。在这种社会变迁的趋势之下，我们生活世界里的陌生人只会越来越多，大多数时候被我们称为生命过客的陌生人、偶然出现的人物，在我们的生活中其实司空见惯，这些人恰恰成为我们生活中不可忽视的存在。简言之，陌生人关系已是现代社会人际关系的常态，陌生人常常紧紧环绕在我们周围，成为我们生活世界的一部分；反之，我们亦作为陌生人角色存在于他人的周围生活世界，成为他们生活世界的一部分。

除了大量的陌生人环绕在我们的生活世界之外，一些曾经不起眼的生物甚至人居环境也成了现代人生活中非常重要的一部分，比如说人们养的宠物、花草鱼虫等，有的人把这些东西当成了他们生活中非常重要的一部分，甚至有时候这些生物扮演起类似家庭成员的角色，成为许多人生活世界中的重要一员。因此，现代社会人们的生活世界不光有人与人之间的关系，还有人与自然界其他生物、人与人居环境之间的关系。它们共同组成了人们的生活世界。

随着死亡的到来，人们的生活世界将发生巨大变故，无论是人与其他生物或者人与人居环境之间的关系，还是人与陌生人之间的关系，都将面临一个巨大的改变：人将从这种关系网络和生活环境中隐退。简言之，人将彻底从他熟悉或不熟悉的生活世界中离去。也就是说，死亡的到来不光结束了人们在人世的各种关系，还将让人从他的生活世界中隐退，或者说让他的生活世界消失或瓦解。

死亡过程就是人与世界的分离，而这种分离本质上就是退出人类社会，退出他曾经生活过的世界。通常，当人临近生命的大限之期，人们才最终体会到人的一生时光十分有限，生命的精彩纷呈亦十分有限。死亡会从人的身边取走他的世界和生命，又从世界手里夺走他和他的生存、生活空间。当死亡来到时，人的生活空间开始消失，人所面临的周围世界也开始消失，人们生活环境中无数陌生或熟悉的要素都开始消失了。在死亡过程中，人开始全面地离开社会，原来熟悉的人际关系、伦常、司法、经济等因素都开始与人慢慢脱离开来，人们开始离开一切他人和他物，不断丧失活动空间，有如长住病房、临终医院甚至养老院等，这些空间开始把人与社会慢慢隔离开来，临终者被放置在专门的空间，等待死亡的来临。隔离伴随着人们社会关系的萎缩，反过来，这种状态又强化了人与社会的分离，最终在死亡到来之时，人被剥离得只剩下抽象的、光秃秃的人格形象，原来丰满而具体的人类属性已经荡然无存：人的生活世界全面瓦解，人已经不复存在。

一般来说，人与社会的分离是在病人临终身份被确认之时，即进入临终状态之时，此时，人被特殊的生存空间所隔离，开始提前进入社会死亡准备期。如果说人的自然死亡是从衰老开始的，那么人的社会死亡过程或许是从退休之后，疾病确诊、临终病人身份被确认后开始的，无论人们是进入临终病房，还是进入其他死亡准备场所，此时，人的生存空间已经被人为地隔绝起来，人们需要通过特殊的照顾来维持生活，这些特殊的照顾或人为的隔离已经在为人与世界的分离提前做准备了。当然，人与社会的分离并不是固化的，这种状态只是人类社会在制度化地处理死亡时人为地制造出来的，人也可以不屈服于这种状态。人们在死亡到来时，不限于简单地等死，而是可以不断地拓展其终末期的生命成长空间，当临终者生活空间的固化模式被打破时，人的生活世界仍然可以不断地拓展。也就是说，即便人们进入了生命的终末期，也还是可以实现生命“最后的成长”。当人们从临界死亡的处境来反观生命成长的可能，生命最后的成长和觉醒仍然有着巨大的空间和潜力。最后，当生命终于要走向不可逆转的终结时，我们仍然可以坦然接受这一切，甚至欣然挥手，向人世作别，在人世留下自己从容而富有教益的样子。

人世的告别，通常是个体生理生命业已完全死亡，进入到生物学死亡期，个体成为观瞻的对象，以遗体的形式呈现在他人面前，亲朋好友、左邻右舍前来跟“他”见上最后一面；也可以是人们未死之前提前做的死亡准备。当人们进入生命的终末期，已然知晓生命终结不可避免，开始坦然接受死亡将来到的事实，并尝试与他的生活世界最后道别，有的人甚至希望与他人、与他生活过的世界在临死前达成和解。这种告别是积极主动的，具有强大的生命力。尼采说“每一个不曾起舞的日子，都是对生命的辜负”，当一个人从容地为自己的人生画上句号，并在死亡到来之时翩翩起舞，让生命在最后的时刻依然精彩纷呈，那么，这将是非常完美的人生谢幕。向人世告别，向他人告别，向我们生活过的世界告别、表达我们最后的心意，无论是致歉、致敬、感恩，还是祝福、希望、遗憾，这些复杂的情感最终都会化成美好的诗篇，感人至深，甚至长留人间。作家琼瑶在交代身后事的《写给儿子和儿媳的一封公开信：预约自己的美好告别》中说：“生时愿如火花，燃烧到生命最后一刻。死时愿如雪花，飘然落地，化为尘土！”人生的谢幕实在可以浪漫而动人，台湾著名作家李敖先生在自己离世前一年（2017）留下了一封告别书——《致我的家人、友人、仇人》，他在告别书中说：

> 你们好，我是李敖，今年83岁。年初，我被查出来罹患脑瘤，现在刚做完放射性治疗。现在每天要吃六粒类固醇，所以身体里面变得像一个战场，最近又感染二次急性肺炎住院，我很痛苦，好像地狱离我并不远了。
>
> 我这一生当中，骂过很多人，伤过很多人；仇敌无数，朋友不多。医生告诉我：你最多还能活三年，有什么想做、想干的，抓紧！
>
> 我就想，在这最后的时间里，除了把《李敖大全集》加编41—85本的目标之外，就想和我的家人、友人、仇人再见一面做个告别，你们可以理解成这是我们人生中最后一次会面，“再见李敖”，及此之后，再无相见。
>
> 因为是最后一面，所以我希望这次会面是真诚，坦白的。不仅有我们如何相识，如何相知，更要有我们如何相爱又相杀。

对于来宾，我会对你说实话；我也想你能对我讲真话，言者无罪，闻者足戒。

或许我们之前有很多残酷的斗争，但或许我们之前也有很多美好的回忆；我希望通过这次会面，能让我们都不留遗憾。不留遗憾，这是我对你的承诺，也是我对你的期盼。

对于来宾，不管你们身在哪里，我都会给你们手写一封邀请信。邀请你来台北，来我书房，我们可以一起吃一顿饭，合一张影，我会带你去看可爱的猫，我会全程记录我们最后一面的相会，一方面是留作你我纪念，另一方面也满足我的一点私心：告别大陆媒体近 10 年了，我想通过这些影片，让大家再一次见到我，再一次认识不一样的我，见证我人生的谢幕。

李敖先生的这封告别信是在向人世和他人诀别，他在信中总结了自己一生的所做所为，临死前想和家人、友人、仇人再见一面、做个告别。他希望不留遗憾，记录下自己生命最后的一程；他期望有人前去见证他人生的谢幕。这些总结、愿望、期待都在告诉我们：人生终了，人将离去，这或许是无奈，但也可以是另一番景象，人们可以最后欣然挥手，回头向人世作别，与他人达成和解，让他人见证生命的余晖，乃至最后一缕夕阳的美好，并留下无限的念想，哪怕是再见之后，再无相见……

《死亡的尊严与生命的尊严》

《死亡的尊严与生命的尊严》是美籍华裔哲学家傅伟勋的重要作品，被认为是中国当代生死学的开山之作，它的出版标志着西方死亡学本土化的开始。作者试图从跨学科视角把西方“死亡学”与现代精神医学、精神治疗、哲学、宗教学、心理学与文化人类学等结合起来，并在揭示“死亡学”研究的现代意义之外，把耶、佛、儒、道诸家融通起来，以此来观照生死、观照生命的尊严与死亡的尊严，探讨现代人的死亡问题及其超越之道，帮助读者领悟了脱生死的智慧。

写给儿子和儿媳的一封公开信：预约自己的美好告别

亲爱的中维和锈琼：

这是我第一次在脸书上写下我的心声，却是我人生中最重要的一封信。

《预约自己的美好告别》是我在《今周刊》里读到的一篇文章，这篇文章值得每个人去阅读一遍。在这篇文章中，我才知道《病人自主权利法》已经立法通过，而且要在2019年1月6日开始实施了！换言之，以后病人可以自己决定如何死亡，不用再让医生和家属来决定了。对我来说，这真是一件太好太好的喜讯！虽然我更希望可以立法《安乐死》，不过，《尊严死》聊胜于无，对于没有希望的病患，总是迈出了一大步！

现在，我要继沉富雄、叶金川之后，在网路公开我的叮咛。虽然中维一再说，完全了解我的心愿，同意我的看法，会全部遵照我的愿望去做。我却生怕到了时候，你们对我的爱，成为我"自然死亡"最大的阻力。承诺容易实行难！万一到时候，你们后悔了，不舍得我离开，而变成叶金川说的："联合医生来凌迟我"，怎么办？我想，你们深深明白我多么害怕有那么一天！现在我公开了我的"权利"，所有看到这封信的人都是见证，你们不论多么不舍，不论面对什么压力，都不能勉强留住我的躯壳，让我变成“求生不得，求死不能”的卧床老人！那样，你们才是“大不孝”！

今天的《中国时报》有篇社论，谈到台湾高龄化社会的问题，读来触目惊心。它提到人类老化经过“健康→亚健康→失能”三个阶段，事实上，失能后的老人，就是生命最后的阶段。根据数据显示，台湾失能者平均卧床时间长达七年，欧陆国家则只有二周至一个月，这个数字差别更加震撼了我！台湾面对失智或失能的父母，往往插上维生管，送到长照中心，认为这才是尽孝。长照中心人满为患，照顾不足，去年新店乐活老人长照中心失火，造成6死28伤惨剧，日前桃园龙潭长照中心又失火，造成4死11伤的惨剧！政府推广长照政策，不如贯彻“尊严死”或立法“安乐死”的政策，才更加人道！因为没有一个卧床老人，会愿意被囚禁在还会痛楚、还会折磨自己的躯壳里，慢慢地等待死亡来解救他！可是，他们已经不能言语，不能表达任何自我的意愿了！

我已经79岁，明年就80岁了！这漫长的人生，我没有因为战乱、贫穷、意外、天灾人祸、病痛……种种原因而先走一步。活到这个年纪，已经是上苍给我的恩宠。所以，从此以后，我会笑看死亡。我的叮嘱如下：

一、不论我生了什么重病，不动大手术，让我死得快最重要！在我能做主时让我做主，万一我不能做主时，照我的叮嘱去做！

二、不把我送进“加护病房”。

三、不论什么情况下，绝对不能插“鼻胃管”！因为如果我失去吞咽的能力，等于也失去吃的快乐，我不要那样活着！

四、同上一条，不论什么情况，不能在我身上插入各种维生的管子。尿管、呼吸管、各种我不知道名字的管子都不行！

五、我已经注记过，最后的“急救措施”，气切、电击、叶克膜……这些，全部不要！帮助我没有痛苦的死去，比千方百计让我痛苦地活着，意义重大！千万不要被“生死”的迷思给困惑住！

我曾说过：“生时愿如火花，燃烧到生命最后一刻。死时愿如雪花，飘然落地，化为尘土！”我写这封信，是抱着正面思考来写的。我会努力地保护自己，好好活着，像火花般燃烧，尽管火花会随着年迈越来越微小，我依旧会燃烧到熄灭时为止。至于死时愿如雪花的愿望，恐怕需要你们的帮助才能实现，雪花从天空落地，是很短暂的，不会飘上好几年！让我达到我的愿望吧！

人生最无奈的事，是不能选择生，也不能选择死！好多习俗和牢不可破的生死观念锁住了我们，时代在不停地进步，是开始改变观念的时候了！

生是偶然，死是必然。

谈到“生死”，我要告诉你们，生命中，什么意外变化曲折都有，只有“死亡”这项，是每个人都必须面对的，也是必然会来到的。倒是“生命”的来到人间，都是“偶然”的。想想看，不论是谁，如果你们的父母不相遇，或者不在特定的某一天某一时某一刻做了爱，这个人间唯一的你，就不会诞生！更别论在你还没成形前，是几亿个王子在冲刺着追求一个公主，任何一个淘汰者如果击败了对手，那个你也不是今日的你！所以，我常常说，“生是偶然”，不止一个偶然，是太多太多的偶然造成的。死亡却是当你出生时，就已经注定的事！那么，为何我们要为“诞生”而欢喜，却为“死亡”而悲伤呢？我们能不能用正能量的方式，来面对死亡呢？

当然，如果横死、夭折、天灾、意外、战争、疾病……这些因素，让人们活不到天年，那确实是悲剧。这些悲剧，是应该极力避免的，不能避免，才是生者和死者最大的不幸！（这就是我不相信有神的原因，因为这种不幸屡屡发生。）如果活到老年，走向死亡是“当然”，只是，老死的过程往往漫长而痛苦，亲人“有救就要救”的观念，也是延长生命痛苦的主要原因！我亲爱的中维和锈琼，这封信不谈别人，只谈我——热爱你们的母亲，恳请你们用正能量的方式，来对待我必须会来临的死亡。时候到了，不用悲伤，为我欢喜吧！

我总算走完了这趟辛苦的旅程！摆脱了我临终前可能有的病痛！

无神论等于是一种宗教，不要用其他宗教侵犯我。

你们也知道，我和鑫涛，都是坚定的无神论者，尤其到了晚年，对各种宗教，都采取尊重的态度，但是，却一日比一日更坚定自己的信仰。我常说："去求神问卜，不如去充实自己！"我一生未见过鬼神，对我来说，鬼神只是小说戏剧里的元素。但是，我发现宗教会安慰很多痛苦的人，所以，我尊重每种宗教，却害怕别人对我传教，因为我早就信了"无神论教"！

提到宗教，因为下面我要叮咛的，是我的身后事！

一、不要用任何宗教的方式来悼念我。

二、将我尽速火化成灰，采取花葬的方式，让我归于尘土。

三、不发讣闻、不公祭、不开追悼会。私下家祭即可。死亡是私事，不要麻烦别人，更不可麻烦爱我的人——如果他们真心爱我，都会了解我的决定。

四、不做七，不烧纸，不设灵堂，不要出殡。我来时一无所有，去时但求干净利落！以后清明也不必祭拜我，因为我早已不存在。何况地球在暖化，烧纸烧香都在破坏地球，我们有义务要为代代相传的新生命，维持一个没有污染的生存环境。

五、不要在乎外界对你们的评论，我从不迷信，所有迷信的事都不要做！“死后哀荣”是生者的虚荣，对于死后的我，一点意义也没有，我不要“死后哀荣”！后事越快结束越好，不要超过一星期。等到后事办完，再告诉亲友我的死讯，免得他们各有意见，造成你们的困扰！

“活着”的起码条件，是要有喜怒哀乐的情绪，会爱懂爱、会笑会哭、有思想有感情、能走能动……到了这些都失去的时候，人就只有躯壳！我最怕的不是死亡，而是失智和失能。万一我失智失能了，帮我“尊严死”就是你们的责任！能够送到瑞士去“安乐死”更好！

中维，锈琼！今生有缘成为母子婆媳，有了可柔可嘉后，三代同堂，相亲相爱度过我的晚年，我没有白白到人间走一趟！爱你们，也爱这世上所有爱我的人，直到我再也爱不动的那一天为止！

我要交代的事，都清清楚楚交待了！这些事，鑫涛也同样交代给他的儿女，只是写得简短扼要，不像我这么唠叨。不写清楚我不放心啊！我同时呼吁，立法“尊严死”采取“注记”的方式，任何健康的人，都可在“健保卡”上注记，到时候，电脑中会显示，免得儿女和亲人为了不同方式的爱，发生争执！

写完这封信，我可以安心地去计划我的下一部小说，或是下一部剧本！可以安心地去继续“燃烧”了！对了，还有我和我家那个“猫疯子”可嘉，我们祖孙两个，正计划共同出一本书，关于“喵星人”的，我的故事，她的插图，我们聊故事就聊得她神采飞扬，这本书，也可以开始着手了！

亲爱的中维和锈琼，我们一起“珍惜生命，尊重死亡”吧！切记我的叮咛，执行我的权利，重要重要！

你们亲爱的母亲

琼瑶写于可园

2017 年 3 月 12 日

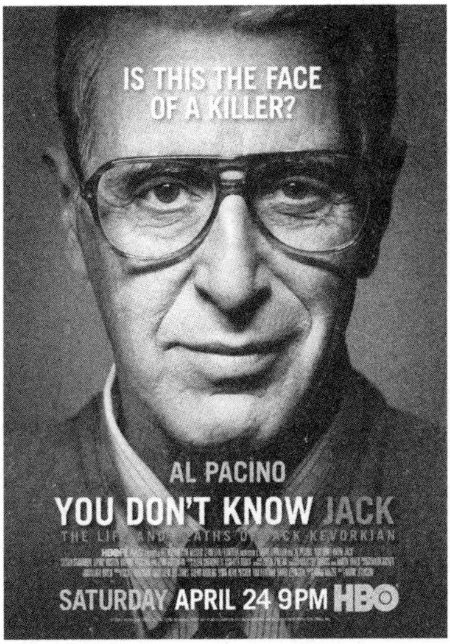

《死亡医生》是由HBO有线电视频道发行的电影，由巴瑞·莱文森执导，阿尔·帕西诺、约翰·古德曼等主演。该片根据杰克·科沃基恩医生的真实故事改编，讲述了杰克·科沃基恩医生为病人争取死亡权利的种种努力，以及寻求安乐死合法化的斗争。

在几十年的职业生涯中，杰克·科沃基恩亲眼见过无数人为病痛所折磨，却求生不得，求死不能；他坚信医生的职责不仅是要尽最大努力医治病患，更要设身处地为病人着想，满足他们的需求，包括他们对死的渴望。杰克·科沃基恩尝试为对生活失去希望的病人施行安乐死，但是，他的做法遭到了很多人的反对，人们斥责他剥夺病患的生命，更是把他送上法庭、送进监狱，送他“死亡医生”的绰号。为了病人的权利与福利，杰克·科沃基恩承受巨大压力却始终不为所动，坚持捍卫病人的生命尊严与死亡选择的权利。

第三章

死而不亡

知人者智，自知者明。胜人者有力，自胜者强。知足者富。强行者有志。不失其所者久，死而不亡者寿。

——《道德经》

主张众生死后生命完全断灭、空无，这种看法被佛家称为“断见”“断灭见”，也叫断灭论[1]，在这种观点看来，人死如灯灭，人死了就完了，一切归于空无，什么都没有了。这种看法对于许多即将死亡的人来说非常恐怖，如若人死之后一切归于空无，人的肉身腐烂、生命消失、精神全无，人们活着的时候在人世留下的痕迹，在意的东西，追求的理想，他人对自己的期待、记忆等都将

1 《胜鬘经》：边见者，凡夫于五受阴，我见妄想计着，生二见，是名边见，所谓常见、断见。见诸行无常，是断见，非正见；见涅槃常，是常见，非正见，妄想见故，作如是见。于身诸根，分别思惟，现法见坏，于有相续不见，起于断见，妄想见故。于心相续愚闇不解，不知刹那间意识境界，起于常见，妄想见故。此妄想见，于彼义若过若不及，作异想分别若断若常。
印顺《胜鬘经讲记》：“边见”，先说凡夫的二见。即二边见。“凡夫于五受阴”境，以“我见”为本；依此我见而起种种“妄想”和“计着”。我见是六十二见的根本，一切见依我见而生。种种妄想执着，“生二见，是名边见”。落于二边，边鄙而不中正的倒见，名为边见。二见极多，今举出特重要的，即“常见断见”。为何特别举出这断常二见？因佛法宗本，为生死流转与解脱涅槃法。于此二而引生的倒见，不是误认为常住的，就是错执为断灭的。

一并失去，这无疑像魔鬼的声音一样萦绕在人的耳旁，令人难以忍受。

如若人到世间走一遭，待人死之后，最终什么都不会留下，什么都将失去，那么，法国国王路易十五那句“我死后，哪管洪水滔天”或许就成了人世间最恶毒的宣言，这句话既是对人类社会中兢兢业业地工作和生活的人们无情的嘲笑，又是对一切追求崇高、向往神圣不朽理想的人们最大的讽刺和误导。人生在世，哪怕自然生命结束了，人终将还会留下一些东西。死亡并没有夺去逝者的一切，人们关于逝者的记忆，逝者留下的嘉言善行、功绩名声、著作创见、科学发明等都没有随着人的死去而离开人世，恰恰相反，这些东西随着逝者的人格形象、理想追求、关心祈愿等长留人间，即成为人世的一部分，成为后世和人类文明永续发展的源泉和动力。

死而不亡者寿，人的自然生命虽然短暂，但是精神生命却可以永垂不朽，如若人的精神生命创造的一切都可以长留人间、留在后世之人的心灵之中，那么任何人都可以死而不亡，不被后世遗忘。

《寻梦环游记》是皮克斯动画工作室的动画长片，由华特·迪士尼电影工作室、皮克斯动画工作室联合出品，李·昂克里奇、阿德里安·莫利纳执导，于 2017 年 11 月 22 日在美国上映。该片的灵感源于墨西哥亡灵节，讲述了热爱音乐的小男孩米格和落魄乐手埃克托在五彩斑斓的神秘世界开启了一段奇妙冒险旅程的故事。生死幽冥之间，只有爱和记忆使人永恒。

第一节 人类的不朽追求

不朽是人的伟大的精神需要之一。

——威廉·詹姆士

死亡并不是生命的终点，而是生命升华的开始。

人的自然生命终有寿数，但人的精神生命却可以向往无限，并在无限的追求中贴近不朽。向往不朽是有死的人类心底难以遏制的祈愿，无论是自然生命的长存，还是名利、权势、财富的占有，抑或是宗法血缘关系的存续，这些不朽的夙愿总是与人间有着明确的联系；而超出人世，对彼岸世界的向往，对不变世界的追求，希望在另一个世界中得到永生则是个人的终极信仰，这种祈望与人世有关，但是人世似乎又无法完全满足。无论是所谓出世、还是入世，人们总得在一定的世界中安顿自己；无论是在现在、还是在未来安顿自己，人们总要在一定的时空中超越生死。其实，无论是哪种情形，在人世也好，出世间也罢，埋藏在人类心底的不朽夙愿实际上有着各不相同的诉求，因而满足它的方式也就多种多样，利夫顿曾经总结了人类追求不朽或永生的模式，认为有如下几种：

> ①生物学模式：透过繁衍后代，透过无止境的生物联结而活下去；②神学模式：靠不同的更高等存在层面活下去；③创造性模式：透过一个人的作品、个人创作的长久影响，或是对他人的影响而活下去；④永存自然的主题：透过与环绕四周的自然生命力重新联结而活下去；⑤经验性超越模式：在一种时间和死亡都消失的强烈状态中，透过“失去自己”而活在“持续的当下”。

按利夫顿的理解，繁衍后代，也就是生物学模式，它是人类追求永生最基本的方式。这种方式也是我们中国人最熟悉、最喜欢，而且历来被神圣化的方式，所谓多子多福，开枝散叶、儿孙满堂，这是许多人非常热衷的事情。这种方式实际上就是试图在子孙永续的基础上实现个人的不朽追求。当然，除以上几种模式之外，人类追求不朽的方式还有很多种，即便同样是生物学模式，不同的人采取的方式也有差异。

人类对不朽和永生的追求由来已久，无论是埃及人的木乃伊，还是中国人的兵马俑，不同时空的人们都试图用某种方式达到生命永续的目的。从不朽的诉求来看，如果以入世和出世的标准来分，但凡希望通过人世的某种方式而实现永生的我们可以把它叫做入世不朽，而试图在人世之外、自然生命之外寻求不朽的我们可以把它叫做出世不朽。虽然这两种不同模式对人世之事的倚重各有不同，但是二者所要达到的目的可能并无实质区别，即要么肉身不死，要么精神不朽，或者两者兼具。

入世不朽

所谓入世不朽，就是试图通过人世现有的或将来有的事物之占用和传承来实现其永生的意图的行为。通常，人世的事物大多是变化的，并不能永远存续，不过，这并不影响人们试图通过占用和传承一些事物来实现自己永生的梦想。一般而言，入世不朽模式大体可以分为：自我肉身不朽模式、宗法血缘不朽模式、财权名利不朽模式。这三种模式的不朽追求在人类社会十分常见，看起来并不是那么超脱，似乎与不朽无关，因为人们似乎仍旧是被人世的名利权势、肉身生命等紧紧地束缚在日常事务之中，而没有任何超脱的迹象。可是，当仔细考察其背后的动机后我们便能发现：一些亡命之徒、专权之士、吝啬之人竟不惜生命代价去捍卫自己的权势名利，这难免让人费解。但是，如果我们换个角度，从这些人试图通过对这些东西的占有来达到其不朽、不死的意图来看，或许问题就不那么简单了，因为实际上这些人可能只是在追求某种克服死亡的方式，但他们自己却浑然不知。

自我肉身不朽 追求自我肉身不死不灭，这种想法和做法源远流长，中国传统道教的修仙和炼丹之术就是其中一种。追求长生不老或者返老还童对许多中国人产生了非常重要的影响，中国古代一些帝王为了长生不死而信奉丹道之术，成了追求肉身不死的典型代表，比如秦皇汉武。如果说古时候人们追求肉身长生不死还是不切实际的想法；那么，在当今科学昌明的年代，人们追求肉身不死的意愿似乎已经成为一些科学家宣布要征服死亡的正义说辞。随着器官移植、冷冻技术、胚胎培养、克隆技术、基因编辑等现代生物医学与科学技术的巨大进步，人类似乎对破解生命的秘密信心大增，对人体器官的更换和控制、对人类疾病的控制和治疗等都进入了一个全新的时代。紧接着，人类似乎可以向征服死亡进军了，即通过现代医学科技来实现人类肉身的不死不朽。肉身不腐在低温技术下或许已经不是问题，但是不腐烂的肉身并不是生命的不死，如何实现肉身永生不死已经成为一些科学家热衷的事情。谷歌首席未来科学家库兹韦尔（Ray Kurzweil）2018 年发布了一个惊天消息，他预言道：人类将于 2029 年开始走上永生之旅，而到了 2045 年，人类将正式实现永生[1]。像库兹韦尔这样信心满满的人，当今世界不在少数，甚至有些科学家在此之前提出了未来人类永生的方案和具体途径。美国物理学家席德（Richard G. Seed）曾强烈支持克隆人，他认为人类可以用克隆技术无限地延长生命，即用克隆技术重组细胞中的DNA，使之回到零分裂（division zero）状态。除此之外，人类甚至还可以借助生物科技进行基因重组，创造新的物种（基因转异人），甚至不死的物种。总之，坚信人类可以永生的科学家认为，人类大致可以用技术永久性地保存个人的记忆，用克隆技术不断地“复制”个人的肉体，从而使生命在肉身与精神两个层面得到延续，实现不朽。无论如何，永生对于许多人来说都是一个令人鼓舞的消息，一则新闻报道称：英国一个十四岁女孩得了一种罕见的疾病，由于目前的医疗条件和医学水平根本无法治愈，因此，她可能很快就要面临死亡。可是，女孩本人并不想死，因为她觉得自己太年轻了，不应该死去。于是，女孩便要求父母让医生把她冷冻起来，低温保存，她希望在未来的某一天，等科技水平更高了，再把她解冻，然后进行治疗，从而让她康复重生。像这个小女孩一样有如此诉求和信念的人并不在少数，希望通过肉身不断延续而实现永生

1 库兹韦尔说，人类的大脑容量有限，至少比计算机慢100万倍。大脑控制思维的部分被称为大脑皮层。到2030年左右，科学家将可把纳米机器人通过毛细血管以无害的方式植入大脑，并将我们的大脑皮层与云端联系起来。届时，我们将创造出比今天更深刻的沟通方式。库兹韦尔称，人类正在开始重新改造过时的“生命软件”，即人体内被称为基因的23000个“小程序”。通过重新编程，帮助人类远离疾病和衰老。库兹韦尔坚信“奇点”（The Singularity）绝对存在。库兹韦尔认为，人类将在2045年实现永生。因为据他推测，那一年非生物智能的创造力将达到巅峰，超过今天所有人类智能总和的10亿倍。但是在2045年到来之前，人类就可以开始“不死之旅”。

不死，这是人们最常见的不朽追求和尝试。

宗法血缘不朽　自我肉身不死是人们最容易想到的对不朽的追逐方式。保持肉身不腐对于埃及法老们来说，是他们绞尽脑汁要实现其不朽的唯一途径。可是，当个人已然接受自己肉身腐朽、生命必定死亡的事实，那么从肉身不死的角度出发，最自然的替代方案就是：人们可以借助繁衍后代、继承香火的方式，在血缘承继的基础上延续自己的自然生命。因此，围绕血缘关系而建立起的宗法人伦制度就是另一种肉身不死的模式。简言之，个体希望通过繁衍后代的生物学模式不断延续生命。这种方式在中国古代历史上可谓达到了登峰造极的地步，无论是多子多福的观念，还是为了保障血缘关系而设立的亲疏有别的宗法制度，抑或是皇权时代的嫡长子继承制、皇家的后宫体制等，无一不是围绕宗法血缘关系的传承而展开。无论是民间社会的“一夫多妻”，还是皇家后宫的三千佳丽，延续和保障父权和男权为中心的血缘生命，生殖和繁衍足够多的男性后代始终是第一要务。

中国古代留传下来的祠堂制度虽然已经超出了简单的血缘关系的传承范畴，但是，我们不得不承认的是：它的基础依然是血缘关系。在宗法血缘关系上延续后代，并通过宗法制度来予以保障，这是一种不朽追求的成熟模式，也是中国古人最熟悉不过的不朽追求方式了。如果说“立德、立功、立言”是中国古代文化精英有意识地、系统地提出来的三种不朽追求之方式，那么，这三种方式并不是所有人都有机会去实践，相对而言，通过结婚生子、继承香火、延续后代的方式来实现不朽，这对于普通民众来说显得更亲切、更容易。万世一脉，血缘关系代代相传，家族姓氏不断传扬，如此一来，横向上看，在同一个时空中，与自己有血缘关系的人们似乎通过血缘联结在了一起，并扩大了自己的生命场域；而在纵向的历史时空中，后代与祖先血脉相通，仿佛亲人之间通过血缘连通了整个历史时空。如此，个人在横向与纵向交汇的人和事那里，就留下了自己的足迹，形成了自己的人格形象，甚至得到后世的纪念和传颂，这种想法和做法显然是一种不朽的追求模式。

相对而言，人类历史上或许从来没有一个民族像中国人这样注重血缘关系、宗法制度，更没有哪个民族像中国人这样把宗法血缘关系上升为一种十分严密的宗法血缘继承制度、家族皇权专制制度、家国伦理一体制度。凭借血缘关系的延续和传承，人们似乎在自然生命的代代相传中找到了生命的最终归宿。不仅如此，自然生命的延续和传承还得到了家族伦理、宗法制度、皇权制度的鼎力相助。也就是说，在人们的日常生活中，从出生到死亡，从人的婚丧嫁娶到生儿育女等，这些成长环节都可以在家族的帮助下实现；终其一生，人们最基本的行为规范与行动指南都会受到家族伦理的指引，当人们走出家族，走向更广阔的社会交往空间时，人们的行为规范仍然是由家族伦理规范推扩而来，比如在家需孝亲，入朝需忠君；在政治生活中，人们依然离不开天下一家的观念，皇家虽然与平民家庭不同，但是皇家却是天下各小家庭、大家族的共主，而且，人们相信在远古之时，大家都是源自同一个祖先，都有着同样的血缘关系，即大家都是亲戚关系。迄今为止，中国人还会祭拜炎帝、黄帝，认为自己是炎黄子孙，因为在人们看来，无论过了多少年，这些远古先民仍是自己的祖先，我们的血液里流着与他们同样的血。因此，中国古时天下一家的观念并非虚言，天下必定一家是人们深入骨髓的信仰，并且，在内心深处，或许人们并不认为皇家与百姓家绝然不同，而皇帝不过是代上天管理人间的长子，皇家不过是上天认可的嫡长子一脉。说中国人是家天下，或者说中国古代的王朝制度是宗法血缘制度，是以伦理制度为核心的家国一体同构，即是说中国古代就是以血缘关系为基础的宗法、伦理、政治一体化的不朽追求模式。血缘关系的信念如此坚固，人们代代相传、不断延续自身血缘的目标如此执着，再加上围绕血缘关系建立起来的宗法、伦理、政治等方方面面的强大助力，这定然会给人们营造出一种非常坚固的不朽追求模式、生活方式、集体信仰。在这些助力中，单凭其中之一就可以成为一种不朽追求的模式，更不用说把它们集合在一起的力量了。

财权名利不朽　法国著名小说家巴尔扎克在《人间喜剧》中塑造了一个令人印象深刻的守财奴形象：欧也妮·葛朗台。葛朗台是索漠城最有钱、最有威望的商人，但为人却极其吝啬，在他眼里，女儿妻子还不如他的一枚金币。在老葛朗台看来，金钱高于一切，如果没有钱，什么都完了。老葛朗台对金钱的渴望和占有欲到了几乎令人难以理解的程度：他会半夜里把自己一个人关在密室之中，爱抚、把玩、欣赏他的金币，然后再把金币放进桶里，紧紧地箍好；葛朗台在临死之前，还让女儿把他的金币铺在桌上，眼睛长时间地盯着金币……他觉得这样能感到温暖。葛朗台的行为在旁人看来极其异常，他过着旁人无法理解的喜剧般的生活，而他自己却浑然不知。其实，现实生活中诸如此类的人不在少数。为了积累和占有更多财富，他们可以不惜一切代价，他们的生活方式令人难以理解：虽然积累了数额巨大的财富，但是一旦离世，财富显然就不再属于他们了。他们为何要如此这般呢？实际上，从葛朗台老头临终时的表现可以看出：在他占有的财富面前，他似乎找到了某种不死的感觉或心满意足，金灿灿的黄金似乎已经把他从死亡手里拯救出来。人们对权力的疯狂攫取和崇拜与不知疲倦地追逐财富很相似。从较小的权力到更大的权力，从更大的权力到至高无上的权力，从中国历史上一些人对至高无上的皇权的追逐就可以看出，这背后隐藏着一种重大驱力：不朽不死的诉求。为了权力，人们陷入白热化的斗争，不惜牺牲一切，六亲不认、杀戮成河，直到走向权力巅峰。一个帝王站在权力的巅峰，会与历史上其他的君王比较，比较自己与他们谁更有权力、更有威望，谁控制的江山民众更多。权力之所以让人为之疯狂，原因除了凭借权力对他人的掌控带给有权者极大的满足感之外，更多的还会产生一种感觉：对世界的控制以及在这个过程中权力营造出来的无限和不朽感。除了财富和权力之外，一些人对名气的追逐依然有这个特点——名利本相连，好的名声除了可以兑换成利益之外，还会在他人心中留下印迹。换句话说，人谋求更大的名声，无非是想让更多的人知道自己、记住自己，让自己在他人的心中留下印迹，甚至不死或永生。因此，人们为了名声而不惜做出一些让人无法理解的事情，比如有些网红，他们中有的人确实是为了名声背后的收益而做出一些过激的事情，而有的人却单纯是为了让他人知道自己，比如抖音等视频媒体中出现的扮丑、自残、伤人、炫富等难以理解的事情（比如有的人把砖头砸向自己的头部，有的人表演吃蜈蚣、吃蝎子）。一些人完全不顾及个人生命安危而做出一些危险的事情，无非是希望摄像头或镜头那边的观看者能激动一下，记住自己，让自己有那么一点点名声。无论是恶名还是美名，只要是名声就总是有人愿意去博得，流芳百世或遗臭万年，这对于那些追名逐利的人来说并没有本质差别，因为只要有如此大的名声，一切就足够了。盛名之下，意味着数量巨大的人群认识他们，被众人认识就已经让追逐名声的人们达到他们想要的目的了。别人认识他们，就意味着哪怕死了，他们也会在他人心中留下一定的印迹，这样就实现了他们不死不朽的追求了。

财权名利型不朽追求里，对名声的追逐意图比较好辨识，即留在他人心中，也就是说，无论他人认同与否，只要在他人心中留下印迹就可以了。实际上，权力和财富的追求与此并无不同，只是这二者显得更为间接一些，即通过财富或权力对他人的控制，从而获得他人认知或认可，或者与他人联系起来，这样一来，在他人心中留下印迹就不可避免，更重要的是：财富、权力还可以让人获得一种掌控他人的感觉，或者说把自己置入一种可以主宰一切的位置，就像神灵一样具有强大的法力，或者像神明一样被人膜拜，那么，这种存在感显然又不同于一般的名利诉求，这种诉求要实现的是在现世或者未来世界被人们当成神明供奉起来的目的，他们想要的大名不是通过别人的认可或同意而获得的，而是通过强行要求他人的认可而获得的。生命哲学家尼采认为权力意志是人类不可避免的生命内驱力，那么，在这种模式中的人们，他们的意志总是被过度地张扬了，并需要被更多的人知晓，这就是他们实现不朽的方式。

出世不朽

相对入世不朽追求，出世不朽追求则是从超出自然生命、超出人世的角度来看待人的死亡超越的。所谓出世不朽追求，就是指人们寄望于某种不变不易的世界、超自然的对象，或者某种永恒不变的承载者等，并用这些东西来解释人的生命现象，把人的自然生命注入某种不死的因素，从而赋予人类生命不朽的信念。出世不朽模式虽然不是与人世毫无关系，但是其终极目标是要让人类脱离人世，人死之后的归宿最好在六合之外，不在五行之中，最终超出人世之外而一直存在。出世不朽模式按照其基本思路与采取的手段来看，大致可以分为永恒实体式不朽模式、不变世界式不朽模式这两种。这两种模式虽有相似之处，但实质不同，我们主要是以不朽追求的终极目标来区分：永恒实体式不朽模式追求的是某种不变的实体，人们希望获得这个不朽的对象，这个对象既是不朽实现的载体，又是人们不朽的终极形态；不变世界式不朽模式则不在乎某个对象是否不朽，也不需要追求某个具体的不朽对象，而是力图确立一个不变不朽的世界，人们孜孜以求的是要进入这样一个不朽的世界，从而改变自己有朽的生命形态。

永恒实体式不朽模式 古希腊哲学家苏格拉底在临死之前与他的学生们讨论死亡时提到过一个非常重要的观点：死亡就是肉身与灵魂的分离，死亡时灵魂开始离开肉身，去往另外一个世界[1]。简言之，人的死亡并不是生命彻底的消失，而只是人的肉身的死亡，人的灵魂无所谓死亡。灵魂不朽的观点，在宗教、哲学甚至一般

1 柏拉图：《裴洞篇》，王太庆译，北京：商务印书馆，2013 年。

的民间信仰中历史悠久，至今仍有不少信奉者。这些信众相信：人是有灵魂的，而且，人的灵魂是不会死亡的。

灵魂不朽只是永恒实体式不朽模式中的一种，无论人们把这种不死不朽的东西叫做什么，只要人们相信存在一个不变的东西，这个东西可以超越历史时空而存在，并且，借助于它就可以帮助人们摆脱死亡，跳出生死大限，那么，人们对这种东西的追求和信仰就属于永恒实体式的不朽追求模式。这种永恒不变的实体，无论是存在于人心当中，还是存在于人心之外；无论是高于人类，还是与人类等量齐观，它们都是永恒实体式不朽模式的核心观念和基本前提。人们相信它的存在，并努力地确认它的存在，最后向它靠拢，人们认为可以借助它跳出生死限制，走向不死。这种模式在宗教信仰中比较常见，无论是泛神论，还是像基督教这样成熟的一神教，人们都可以非常清楚地看到：在他们的信仰体系中存在一种永恒不变的实体，比如基督教中的上帝，也就是神，人们认为神可以帮助人们跳出生死，走向不朽。在哲学上，人们对精神、心灵的确证虽然不像神学中那样笃定，但是对精神、心灵的不朽信仰也可以如神学一样坚固，只要人们相信心灵不朽不死，就像苏格拉底那样相信灵魂不朽，依然可以获得超越死亡的信心。人类对永恒实体的信仰古已有之，对永恒实体的形态与存在场所亦有不同看法，对永恒实体的命名也各不相同，然而，只要人们坚信存在这样一个实体，这样一个不变的东西，那么，人们只要信仰它、趋近它，并相信它最终能够帮助人们摆脱有朽的肉身、走向不朽就足够了。永恒实体式不朽可以是神学的，也可以是哲学的，还可以是常识的、泛灵论的，总之，这种追求不朽的方式迄今为止仍有较大的信奉人群。

不变世界式不朽模式 在出世不朽的追求模式中，与人们对永恒实体的信仰不同的还有另外一种不朽的追求方式，这就是人们对永恒世界、不变世界的追求。这种追求方式虽然也与不变的实体有关，但是人们更为在意的是出世间的目的，即人死之后到达一个不朽的世界。无论是西方极乐世界或西方极乐净土，抑或是柏拉图笔下好人死后去往的大西岛，这种世界在人们的信仰中总是尽善尽美、不朽不变的。如果人们相信这样的世界是存在的，那么终其一生努力向这个世界靠近就是向不朽进发了。人们通常认为不朽世界与当前生活的世界是不同的，如果人类当前生活的世界是变动不居、变化可朽的，那么不朽世界就是不变不动、永恒存在的。对于这样的世界的描述，人们在世界各大宗教信仰中随处可见，比如佛家的极乐世界[1]，基督教的天

1 对于极乐世界，《大乘无量寿经》中说："复次极乐世界，所有众生，或已生，或现生，或当生，皆得如是诸妙色身，形貌端严，福德无量，智慧明了，神通自在。受用种种，一切丰足。宫殿、服饰、香花、幡盖庄严之具，随意所须，悉皆如念。若欲食时，七宝钵器自然在前，百味饮食自然盈满。虽有此食，实无食者。但见色闻香以意为食。色力增长而无便秽。身心柔软，无所味著。事已化去，时至复现。复有众宝妙衣、冠带、璎珞，无量光明，百千妙色，悉皆具足，自然在身。所居舍宅，称其形色。宝网弥覆，悬诸宝铃。奇妙珍异，周遍校饰。光色晃曜，尽极严丽。楼观栏楯，堂宇房阁，广狭方圆，或大或小，或在虚空，或在平地，清净安隐，微妙快乐。应念现前，无不具足。"

堂[2]，道教的天庭，对于宗教徒来说，这样美好的世界的存在是毋庸置疑的，而不管信仰哪个宗教，人们相信只需要努力修行，修成正果，最终自己必然会走进这样一个世界。这样的世界是信徒们信仰的终极目标，人们相信一旦进入了这样的世界，死亡就不再是问题，因为在这个世界里无所谓死亡，也无所谓痛苦，人们永远幸福快乐。

2 对于天堂，《启示录》中说："城中有神的荣耀。城的光辉如同极贵的宝石，好像碧玉，明如水晶。有高大的墙。有十二个门，门上有十二位天使。门上又写着以色列十二个支派的名字，东边有三门，北边有三门，南边有三门，西边有三门。城墙有十二根基，根基上有羔羊十二使徒的名字。对我说话的拿着金苇子当尺，要量那城，和城门城墙。城是四方的，长宽一样。天使用苇子量那城，共有四千里。长宽高都是一样。又量了城墙，按着人的尺寸，就是天使的尺寸，共有一百四十四肘。墙是碧玉造的。城是精金的，如同明净的玻璃。城墙的根基是用各样宝石修饰的。第一根基是碧玉，第二是蓝宝石，第三是绿玛瑙，第四是绿宝石，第五是红玛瑙，第六是红宝石，第七是黄璧玺，第八是水苍玉，第九是红璧玺，第十是翡翠，第十一是紫玛瑙，第十二是紫晶。十二个门是十二颗珍珠，每门是一颗珍珠。城内的街道是精金，好像明透的玻璃。我未见城内有殿，因主神全能者，和羔羊，为城的殿。那城内又不用日月光照。因有神的荣耀光照，又有羔羊为城的灯。列国要在城的光里行走。地上的君王必将自己的荣耀归与那城。城门白昼总不关闭。在那里原没有黑夜。人必将列国的荣耀尊贵归与那城。凡不洁净的，并那行可憎与虚谎之事的，总不得进那城。只有名字写在羔羊生命册上的才得进去。天使又指示我在城内街道当中一道生命水的河，明亮如水晶，从神和羔羊的宝座流出来。在河这边与那边有生命树，结十二样果子，（样或作回）每月都结果子。树上的叶子乃为医治万民。"

第二节 死而不忘

人生有死，死得其所，夫复何恨。

——《魏书 · 张普惠传》

人的自然生命有限，但是人的文化生命可以一直延续。

人类死亡不是简单的生物学现象，更不是停留在呼吸和心跳停止、脑功能丧失这个节点上。人类的死亡，从生物学死亡之后，死亡现象愈发复杂，它越来越不像自然现象，而成为一个真正属于人类文化的现象，人的死亡是人类文明中的核心事件之一。

俗云“人死如猛虎，虎死如绵羊”，也就是说，再凶猛的老虎，死后就不足为惧了，但是再孱弱的人，死亡之后也不容小觑。俗语说人死如猛虎可能有别的意思，比如人死之后变成鬼神，凶猛异常，此话似乎在告诉我们：人类死亡并不简单，需要人们慎重对待，人死了非但不会如死去的猛虎一般任人宰割，而且可能会变得更加厉害。换句话说，逝去的人虽然不在了，但是他们依然值得人们特别的重视或尊敬。因此，通常人死之后人们会郑重其事，设计一系列仪式来表达人们的伤痛和敬意，以追思逝者，纪念亡灵，安抚生者。

告别与回归

人死之后举行告别仪式已经成为当今社会丧葬习俗的通则。遗体告别被认为是亲朋好友、同事故旧跟逝者作别的最后机会。除了少数由上级机构和单位组织的公开吊唁和告别仪式之外，一般的告别仪式都是由当事人的亲属来组织的。换句话说，人们在世间最后一程通常是由亲人来负责送别的。家庭作为社会的基本单位，在丧葬礼俗的操持和承担上似乎从古至今都未曾改变过。孟子说“养生丧死无憾，王道之始也”，在送别这件事情上，人们比较习惯和延续至今的方式仍然是家庭本位的。参加逝者告别仪式的人不只是亲人，但一般而言，逝者家属是丧事料理的主要成员。

告别，对于不同的人来说有不同的意义。为什么要告别？通常而言，对于一个不信鬼神，也不相信另一个世界存在的人来说，告别其实就是诀别。因为从此以后，这样一个曾经存活于世

《悲伤的力量》是英国悲伤心理治疗师朱莉娅·塞缪尔的著作。作者试图带我们走近有关悲伤的禁忌与迷思，让人们学会尊重并理解悲伤的过程，体会生命与爱，面对并理解死亡带来的悲伤，从而获得生活的意义与人生的力量。本书记述了 15 则关于爱、丧亲、面对自己的死亡以及抚平悲伤的故事，这些故事展示了悲伤如何揭开我们最深的恐惧、撕掉自我保护的外衣，并使人最真实的自我暴露出来，作者认为只要找对方向，悲伤可以带给人们力量。

《回忆》

《回忆》是日本作曲家、指挥家久石让的作品，是奥斯卡最佳外语片《入殓师》的主题曲，表达了面对死亡的一种超脱、豁达的态度：每个人都会经历生死，死亡无非是一扇门，逝去并不是终结，而是另一段旅程的开始。人只有热爱生命，不惧死亡，勇敢地接受生命中的各种限制，才能大彻而大悟，坦然享受人生，看到涅槃重生的希望。

的人将不再存在。因此，这样的送别多少带有一丝悲怆和绝望。而且，人们深信：总有那么一天，我们也会面临同样的处境——今天我们送走他人，总有一天另一群人来送走我们。经常，人们可以看到一些人在告别场所或下葬之地号啕大哭、悲痛欲绝，或许他们除了在表达对逝者的悲痛与不舍之情外，还联想到了自身的结局。如果生命时日无多，来路尚且无望，这的确是个令人难以忍受的局面。

不过，告别还可以有另外一种含义——是为了凝聚家庭力量，重新定位逝者，迎接逝者以另外的方式回归。

设置告别仪式，是因为在家人心目中，逝者曾经是他们人生中不可或缺的一员。遗体告别，无非是让人们确信斯人已逝，并最后与逝者见上一面。当人们见证逝者已去，人世之中从此以后再无此人，这对于一个家庭来说显然是个重大变故，甚至是个巨大打击。然而，当亲人朋友来到现场，并与主要亲属见面，甚至协助逝者亲属料理后事，这时候其实是个重要的凝聚人心的时刻。逝者虽然已经走了，但是逝者生前留下的各种印象，逝者的音容笑貌、言谈举止、嘉言善行等都将一一浮现在亲人和朋友的脑海中，此时，人们围绕逝者生前的形象来集体回忆，人们心意相通，感同身受，这就奠定了逝者日后在亲人朋友心目中的大致形象。告别式上，人们明确意识到亲人已逝，永不复返，此时，人们必须开始考虑日后没有这样一个人的家庭会是怎样，或者说家庭成员与逝者关系已经根本改变的前提下，人们应该怎么调整自己的心态和生活方式。比如一个人离开了，作为父亲、丈夫的身份没有了，作为父亲和丈夫的人世责任也停止了，此时，子女、妻子应该如何去定位一个没有父亲、没有丈夫的家庭，如何去弥补和承受逝者留下的空白……此时亲人的悲伤是常见的，然而，在告别式上，人们在悲伤之余还应该看到：虽然亲人已逝，但是仍然有许多人在支持和关心我们。告别仪式可以是一个很好的契机，让我们有机会去正视亲人的离去，去重新审视亲人已经离开了的家庭状况。在梳理个人悲伤与重新定位家庭关系的同时，人们最后还可以把告别仪式当成是迎接逝者以另外的方式回归家庭的机遇。所谓以另外的方式，就是在承认逝者离开人世的前提下，在逝者与人世伦理关系改变的状态下，人们以怀念和追忆的方式把逝者的人格形象留存在心间。其实，这是个非常痛苦而漫长的过程，人们有一系列的事情可做，比如留下逝者的遗物、遗像，为逝者设置灵位、牌位等，总之，人们可以在丧葬过程中，通过一些具体的途径把逝者的形象留在家中。这样一来，我们就实现了个体死亡的文化转化，逝者在家人心目当中将以一个全新的形象重新回归家庭。逝者虽已离开，但是他仍然活在家人的记忆中，即人世并没有忘记他，而是以一种礼遇的方式送别他，并迎接他回归，从而实现了人的死而不忘。

中国城市遗体告别仪式的一般程序

中国当前城市的告别仪式多设在殡仪馆和其他适合的公用场所，仪式的一般程序如下：

1. 组织悼念人员

组织到场人员戴白花、黑纱。

2. 就位肃立

主持人召集全体参加仪式的人员就位于遗体前。领导及主要来宾纵队站在左排，家属纵排站于右侧，其他来宾依次站若干排横队。

3. 宣读讣告

（1）主持人宣读讣告；

（2）宣布参加告别仪式的领导、主要来宾、逝者病重住院期间到医院看望以及逝世后到家慰问家属的领导；

（3）宣读送花圈、花篮、挽联、唁电的单位和个人。

4. 行默哀礼、奏哀曲

主持人宣布默哀三分钟、奏哀曲。

5. 行三鞠躬礼

默哀三分钟毕，接着行三鞠躬礼。

6. 介绍生平

主持人请单位领导介绍逝者生平；生平一般不加评价。

7. 向遗体告别

单位领导介绍完生平，主持人召集全体参加仪式人员向遗体告别。次序以遗属、领导、主要来宾、参加告别仪式的其他人员的先后顺序进行。向遗体绕 3/4 圈告别，与遗属握手表示慰问。

盖棺与哀荣

家属承办的告别仪式通常参与的人比较有限，大多限于亲朋好友一类，普通人或者逝者生前要求告别仪式只向亲朋好友开放的，这种情形下死亡只是小范围的事情，需要家庭来承载个人生命形态的转化。社会名流或曰社会精英人士逝世，则从其讣告发出开始，死亡就已经成为一个公共事件，从告别仪式或追悼会到出殡下葬，都具有社会效应，尤其是一个国家为特殊个体举行的国葬[1]，更是体现出国家对其崇高地位的肯定和推崇。在中国当前社会，名人或各界精英人士去世，通常都是由个人所在的机构或上级组织出

1 举行国葬是一个国家对待其重要人物的最高礼遇，也是哀荣的极致。1790 年，本杰明・富兰克林与世长辞，美国首次全国举哀，悼念这位美国杰出的政治家。1799 年，美国第一位总统乔治・华盛顿逝世，美国再次举国哀悼。为华盛顿举行的葬礼包括全套三军仪仗，遗体在弗吉尼亚州弗农山庄 (Mount Vernon) 的华盛顿家族墓园下葬。1841 年，刚就任总统不久的威廉・亨利・哈里森因病去世，美国第一次为已故总统正式举行国葬。国葬仪式由国防部长主持，在总统遗体接受公众瞻仰或安放在教堂等场所期间，负责安排一支武装部队分队护柩。很多国葬仪式都安排军人抬柩，鸣放 21 响礼炮，为直系亲属提供军队牧师，还由军人在灵柩上覆盖国旗，表达敬意。此外，美军华盛顿军区第三步兵团的警卫队辎重排将改装一辆装运 75 毫米口径大炮的马车运送遗体。马车由六匹同一种颜色的军马牵引，配备三名驭手，一名分队长单骑随行。国葬仪式的每一个阶段都有军乐队演奏传统乐曲。在下葬地点由 7 名军人齐发 3 枪的做法来源于军中习俗，意为需从战场上抬走阵亡人员，双方暂时收兵，容后再战。另一个军事传统要求下半旗 30 天悼念死者。

《第三交响曲》

《第三交响曲》是德国作曲家路德维希·凡·贝多芬的交响乐作品，即《英雄交响曲》，是贝多芬的代表作之一。据称这首交响乐是献给拿破仑的，但拿破仑称帝后，愤怒的贝多芬把总谱扉页撕掉了，把标题改为：为纪念一位伟大的人物而作的英雄交响曲。该曲赞颂英雄对待死亡不屈不挠、英勇顽强的姿态，饱含对英雄业绩的缅怀、对英雄功绩的赞颂；英雄虽然死了，但是英雄所殉身的事业胜利了，他获得了永恒的赞誉，英雄是与死亡抗争的典范。

面来发出讣告，设置灵堂，召开追悼会，然后公开接受社会各界人士的吊唁。名人的告别仪式是社会共同体对逝者一生的总结或说盖棺定论，在少数情况下逝者还会被国家授予特殊的荣誉称号。即便没有被国家或组织授予荣誉称号，然而，由于告别仪式本是面向社会公众，面向整个社会甚至整个国家的，所以这种安排本就是一种荣誉、一种认可，这就是所谓的哀荣。无论人们是否喜欢哀荣，或者是否需要死后被赋予哀荣，社会共同体对一个重要成员去世以后进行追思和纪念是再正常不过的事情，这种纪念和追思往往会赋予逝者以特殊的尊荣或说哀荣。从古至今，重要的社会成员去世必然会获得一个隆重的葬礼，甚至在死后得到人们衷心的认可或满心的称颂，这种名声和荣誉通常是源自个人生前的德行功绩，也就是对社会做出的特殊贡献。然而，从广义来看，它还是整个共同体由于失去这个重要人物而受到损害从而自我调整做出的回应。赋予逝者以崇高的地位与特殊的尊荣，这不仅是全社会对人们做出特殊贡献的一种奖励，还是社会试图通过某种形式来感召和教育后来人，让社会成员向名人学习，进而继承他们的精神和事业。

古人说盖棺定论，即对一个人生前的所做所为最后作一个结论，使其获得后世一个整体的人生评价。这个评价可能体现在葬礼上人们的悼词中，也可以从告别仪式上人们赠送的挽联中看出，甚至还可以在逝者的墓志铭上一窥究竟。总之，无论逝者生前有多大的功绩或社会贡献，也无论其名声传扬得有多广、多久，当繁花落尽，生命的最后呈现可能就是墓碑上那几行字，似乎道尽了一个人的一生一世。因此，盖棺定论，一方面是让后世之人认识某人的一生及其所做所为，另一方面是让某人最后的人生定位传扬出去，篆刻在后世之人的心上。这份殊荣显然不是所有人都能获得的，这种名声也不是都能够符合实际，通常，它符合的当是一时一世的风尚和评判体系，并受到诸多因素（政治、经济、文化等）的影响。无论如何，死后的哀荣是一种社会的认可，它实际上是把名人的死亡转化成社会事件，并与历史时空接轨、留下印迹的过程。在这个过程中，逝者变成了社会化的人格形象，虽死犹存，就像天安门广场矗立的人民英雄纪念碑一样，上面明确地书写道：人民英雄永垂不朽！通过立碑纪念的方式，英雄人物或各界名人进入了社会的记忆系统，并可能为后世传颂。

对待死后哀荣，有人可能像作家琼瑶自诩的那样，并不在乎，哀荣对她来说没有意义[1]，但是，当事人不在乎和认为哀荣不重要并不能杜绝社会赋予其哀荣，相信琼瑶女士百年之后仍会获得社会赋予的巨大哀荣，因为琼瑶其人通过她的作品已经使自己成为整个社会的重要一员，无论是对她的粉丝还是对普通的电视观众而言，琼瑶的影响力都足以让她在后世留下浓墨重彩的一笔。因此，所

1 琼瑶：《写给儿子和儿媳的一封公开信：预约自己的美好告别》。

《入殓师》

《入殓师》根据日本作家青木新门的小说《纳棺夫日记》改编而成，由泷田洋二郎执导，本木雅弘、山崎努、广末凉子、吉行和子和笹野高史等联袂出演，影片2008年9月10日在日本上映，获得第81届奥斯卡金像奖最佳外语片奖。影片讲述了日本入殓师的生活，影片以一名入殓师新手的视角，去观察各种各样的死亡，凝视围绕在逝者周围的充满爱意的人们。入殓是动作，是程序，是过程，当中包含着庄重严肃的情感，展现了“仪式”这种高度程式化的东西与人性的联结，与人类生命传承的联结。

谓哀荣本就是社会影响力的直接兑换，它在一定意义上不受个人决定而改变，因为它是由社会共同体来衡量的。当然，哀荣亦有错位的时候，有的人生前并无大名，死后却突然名声大噪；或者反过来，有的人生前名声煊赫一时，死后却寂寂无闻，甚至还有的人死后一段时间突然有了名气。这些现象无非就是历史上社会对个人的名声与个体价值的认同和评判标准发生了变化，从而导致名实不符的问题。哀荣对于逝者来说可能是虚荣，也可能是名副其实的尊荣，也有可能是名实完全无关的错置状态。通常，随着人类社会对自身认识的不断变化，哀荣也是变化的；一个社会的认知和价值评判体系是怎样的，社会成员死后的哀荣就是怎样呈现的，即赋予谁更大的荣誉、更崇高的地位。无论如何，人死之后由其名声而来的哀荣总会变成社会共同体的认知和记忆，从而让特定的个体形象在社会共同体中重新树立起来，流传后世，代代相传，死而不亡。

中国城市追悼会的一般程序

1. 司仪宣布 XXX 同志（先生、小姐、女士）的追悼会现在开始，介绍参加的单位领导、生前好友，因故不能参加追悼会而采用其他方式表示哀悼的情况说明等。

（视具体情况而定）

2. 全体默哀3分钟。（奏哀乐）

3. 单位（或直系亲属）致悼词。

4. 家属致答谢词。（直系亲属致悼词，不用致答谢词）

5. 向遗像三鞠躬。

6. 向遗体告别。（奏哀乐）

人死之后的告别仪式是人们进入社会死亡过程的一环，死亡告别通过一定的形式，把人们最初的相互依赖关系打破、重构，并把它们置于过去与未来汇聚的当下的告别时空场所，从而把人与逝者重新联结在一起，重新形成某种关系，并通过人们的记忆，深入到共同体中间。通常，共同体中某个个体的离世会被认为是整个共同体的损失，从而引起人们不同程度的担忧，因此，它必须宣布因某人死亡而感受到的危险和遗憾，并希望通过一定的仪式来重建其力量，统一共同体的认识。这种统一和重建过程在社会的重要人物去世时显得特别重要，当社会中特别重要的人物去世时，往往不仅涉及一时一地的共同体，甚至还关涉人类历史的发展进程。

历史与重生

一个人生命的长短不单单关涉个人的命运，也不仅是一个家族或者世系的生物学上的延续，它还是人类文明和历史发展的基础和演变之环节。

通常，一个社会或国家的名人在他们本国或本地区十分有名，但是，当推扩到人类社会或整个世界时就可能显得微不足道了，因为认识他们的人可能不多。有的人在活着的时候可能誉满全球，但是死后若干年内就寂寂无闻了，历史并没有记下这号人物。这种现象就把一般的名人与真正的历史人物区分开来。

至今人们都知道孔子、老子、耶稣、释迦牟尼、苏格拉底等历史人物，哪怕他们已经去世千年之久，其名声与影响力仍然未曾改变，这说明：真正的名声是不会因为年代久远而改变的，那些为人类历史做出过重大贡献的人是会被历史记住的。历史人物肉身虽然已经死亡若干年，但是其精神却在肉身死亡之后凤凰涅槃、死后重生，逝者的人格形象和他们对人类文明的塑造，通过人类历史的代代传承而永远留在了后世之人的心中。历史人物之死，当是死得其所，死而不亡，死而不忘。

中国古人说“立德、立功、立言”为人生三不朽[1]，在人类历史上，留下姓名的人大多与这三方面的贡献有关，要

1 《左传・襄公二十四年》：二十四年春，穆叔如晋。范宣子逆之，问焉，曰：“古人有言曰，‘死而不朽’，何谓也？”穆叔未对。宣子曰：“昔匄之祖，自虞以上，为陶唐氏，在夏为御龙氏，在商为豕韦氏，在周为唐、杜氏，晋主夏盟为范氏，其是之谓乎！”穆叔曰：“以豹所闻，此之谓世禄，非不朽也，鲁有先大夫曰臧文仲，既没，其言立。其是之谓乎？豹闻之，大上有立德，其次有立功，其次有立言，虽久不废，此之谓不朽。若夫保姓受氏，以守宗祊，世不绝祀，无国无之。禄之大者，不可谓不朽。”（《春秋左传集解》，上海人民出版社，1977 年，第 1011 页）唐人孔颖达在《春秋左传正义》中对德、功、言三者分别做了界定：“立德谓创制垂法，博施济众”；“立功谓拯厄除难，功济于时”；“立言谓言得其要，理足可传”。胡适将“三不朽”称为“三W主义”，“Worth”“Work”“Words”。小我融入大我。

么是为人类的价值标准与行为方式确立了坐标、指明了方向，并率先垂范，是为立德；要么是在某个具体领域做出了重大贡献，比如在政治和军事上建立了不朽的功勋，是为立功；要么是留下了伟大的著述、创造了非凡的成果，在人类文化的创造和传承上留下了足迹，是为立言。总之，这些伟大人物的不朽事迹和品德言行为他们进入人类历史给出了充足的理由。换言之，能被人类历史正向记住的人物都是为人类社会某方面做了巨大贡献的人，他们有着特殊的影响力，实际上获得了入世不朽的资格；而那些被历史谴责的人物则接受历史的审判，被钉在历史的耻辱柱上，以警示、警醒后人。

历史不光是人类的集体记忆，它还承担着评判历史事件、历史人物是非功过的职能。孔子说“知我者其惟《春秋》乎，罪我者其惟《春秋》乎”，《春秋》一书已经不是简单的历史记载，也不是简单的史料堆积，孔子把他对历史人物的评价放进去了，所以后世才有“孔子作春秋而乱臣贼子惧”的说法。中国历史上真正的史家向来都认为自身承担着评判历史人物是非、功过、得失的职责，太史公司马迁就说：

> 故《春秋》者，礼义之大宗也。夫礼禁未然之前，法施已然之后；法之所为用者易见，而礼之所为禁者难知。
>
> 壶遂曰：“孔子之时，上无明君，下不得任用，故作《春

秋》，垂空文以断礼义，当一王之法。今夫子上遇明天子，下得守职，万事既具，咸各序其宜，夫子所论，欲以何明？”

太史公曰：“……《春秋》采善贬恶，推三代之德，褒周室，非独刺讥而已也。汉兴以来，至明天子，获符瑞，封禅，改正朔，易服色，受命于穆清，泽流罔极，海外殊俗，重译款塞，请来献见者不可胜道。臣下百官力诵圣德，犹不能宣尽其意。且士贤能而不用，有国者之耻；主上明圣而德不布闻，有司之过也。且余尝掌其官，废明圣盛德不载，灭功臣世家贤大夫之业不述，堕先人所言，罪莫大焉。余所谓述故事，整齐其世传，非所谓作也，而君比之于《春秋》，谬矣。”[1]

历史是人们记忆的一部分，同时，历史还是褒贬历史人物、评判是非标准的价值体系。历史人物之所以不朽，之所以一直会在人们的记忆中得到传扬，是因为历史人物最大限度地符合了历史评判人们是非善恶的价值标准。正因为评判是非善恶的价值标准是超越时空的，即不朽的，因而，当人们符合了这种标准，就被历史选中和记住，成为历史人物。因此，成为历史人物并不容易，它受到诸多因素的影响，更重要的是还要受到历史价值标准的制约。当逝者的言行符合历史价值标准时，则可能

1　司马迁：《史记·太史公自序》，韩兆琦译注，中华书局，2010年，第7664—7669页。

成为正面的历史人物，而当逝者的言行违背历史价值标准时，则可能成为反面的历史人物。有人曾说“历史是任人打扮的小姑娘”，这种历史观实在有如儿戏，他们实在太小看历史了，如果历史可以任人打扮，人们就不会有“孔子作春秋，乱臣贼子惧”的顾虑了。历史价值常常是趋向于不朽和无限的，它无论如何也不可能任人摆布，即便是有人恣意妄为，妄图篡改历史事实、胡乱评价，终有一天历史会自行扭转，后世仍会有真相大白的一天，因为真正的历史评价标准从来不会跟随那些妄图修改历史真相的人。

只要人类社会延续下去，人类历史还在继续，那么历史人物就永远占据着历史记忆的中心舞台，同时，历史人物已然成为不朽的印迹，因为他们在历史中永生了。成为历史人物，或许是入世不朽的最高形式，无论是从时间的长短来看，还是从地域的宽狭来看，抑或是从影响力的大小来看，成为历史人物比普通人或者一般的名人影响范围更大，传播空间更广，流传时间更久，受到的关注更多。人类历史、人类社会存在是人们入世不朽的前提，然而，当人们把目光移向人世之外，移向历史之外时情形就不一样了。

第三节 死而不朽

没有什么生物在自然形态上会死而不朽，然而，具有精神的人类一直把死而不朽当成一种理想追求。人们超越死亡时最容易想到的方式是把对不朽的追求全部寄托在人世之物上，比如肉身不死、个人对财富名利的追逐和占有、个人宗法血缘关系的延续和传承等。入世不朽的追求模式是试图通过人世的东西，比如借助人类的记忆、家族伦理关系、国家民族的尊崇以及人类历史的记载等方式，从而把自我的人格形象或精神遗产传承下去。总之，入世不朽的诉求就是希望通过后人或后世的记忆而继续存在于人们心中，从而达到死后不被人遗忘的目的。

然而，出世不朽的追求者却不是这样做的，无论是永恒实体式的不朽追求，还是不变世界式的不朽追求，他们最终想要的始终不是现实世界中的东西；他们认为帮助他们克服死亡威胁的东西不是人世的东西，而是超出人世之外的东西；这种东西是不朽的，是永远存在的，它们不像肉身一样会死亡，也不会随着人类的死亡而消失。简言之，会死亡的东西并不是这些人关注的对象，不朽的东西才是他们真正追求的。肉身死亡只是一个开始，并不是结束，人们真正中意的东西是在死亡之后，就像苏格拉底在《裴洞篇》中说的那样：

> 灵魂最像那神圣的、不朽的、灵明的、齐一的、不可分解的、永恒不变的；身体则正好相反，最像那人间的、有死的、多样的、可以分解的、不断变化的……那不可见的灵魂却进入一个跟它本身一样高贵、纯粹、不可见的地方，达到真正的另一个世界，那里住着善良的、智慧的神，只要神愿意，我马上就要到了。那具有那些性质、那种本性的灵魂离开身体的时候，会像多数人说的那样立刻消散毁灭吗？完全不是那样，我亲爱的格贝和辛弥亚啊，实际上倒是这样：如果它走得干净利索，不夹带任何身体成分，那么，由于它在活着的时候很不愿意跟身体联结，但求摆脱身体，是只跟自己抱成一团的，因为这是它经常学习的，无非意味着正确地、真正地追求哲学，练习置身于死的状态，这不就是练习死亡吗？[1]

1 柏拉图：《裴洞篇》，王太庆译，北京：商务印书馆，2013 年。

柏拉图的《裴洞篇》(*Phaedo*，也译为《斐多篇》)是一篇非常重要的关于死亡的论作，叙述了苏格拉底被判处死刑后，在临刑前和学生的最后一次对话，讨论了哲学家如何对待生死的问题，讨论了自杀以及灵魂不朽的证明等问题。苏格拉底认为死亡不过是灵魂从肉体中分离解放出来，得到净化的过程。苏格拉底认为人活着时，由于灵魂受到身体的制约，受到感觉、情感的限制而不能认识真正的存在，只有当灵魂脱离了肉体羁绊，认识了真正的理念，回忆起理念世界的知识，才能看到理念世界和我们所见世界的根本不同。人类当前居住的世界中事物有生有灭，不断变化，是不纯粹的、相对的，而理念世界则是纯粹的、单一的、不可分的、不变的、不朽的，是不可见的、神圣的、智慧的。哲学家需要练习死亡，并随时准备与肉身分离，进入死后纯粹的神圣世界。

人死亡之后，将要抵达的世界，或者要获得的东西是不朽的，这将会给人们极大的心理安慰。如果像苏格拉底那样，坚信灵魂是不朽的、神圣的，人死之后会进入一个与神灵同在的永恒世界，那么死亡恐怕就不是一个问题了。在所有出世不朽的追求者中，人们总是或多或少地相信有这样一个世界或者认为这样的实体是存在的，并且终其一生都在寻找它，就像苏格拉底说的那样，不时把自己置身于死亡的状态之下，并试图进入另一个世界，或者证实不朽实体的存在——这就涉及人类的死亡信仰。

万物有灵论

万物有灵论，又称泛灵论，在人类社会历史悠久，而且十分普遍和流行。人们认为天地万物都是有灵气的，或者认为它们都是有灵魂的，虽然人们说不清楚其中原委，也无法证实这样的看法，但是却坚定地相信：树中有树精，狐狸可以成妖，人死后可以成鬼……诸如此类的信念在先民的心中十分常见。随着人类社会的发展，尤其是人类从农业社会进入工业社会，对自然环境的掌控能力提高以后，万物有灵的观点渐渐失去了影响力，图腾崇拜现象不断减少，人们崇拜的对象和敬畏的物种也大大减少；然而，万物有灵的观念在人类社会并没有消失，一些地区的人们仍然把它当成自己的信仰，留存至今。

在很多民间信仰中，人们相信万物有灵，相信人类以外的自然物也有灵魂，这些有灵之物就生活在我们周围的世界，带有魔法或神力，更确切地说，人们认为这些东西是不死的。因此，人们崇拜这些东西，并相信这些东西可以帮助自己。对于今天的人来说，有些民间信仰令人感到困惑，比如中国东北一些地方还保留的萨满信仰，或者中国湖南地区的一些民间信仰，这种信仰认为人死之后活人可以与之沟通，一些特殊的个体生命被认为具有通灵的能力，他们可以与死去的人进行对话。当有人认为家中不顺，或者需要祈求先人保佑时，他们会请来神婆，神婆通过特殊的仪式“召唤”去世的人，然后与之对话。人们相信：通过神婆这类通灵之士，先人告诉人们应该如何去做，或者通过满足先人的愿望而得到保佑，最终解决人世的问题，让人们逢凶化吉。另外，有的民间信仰甚至相信人可以通过巫术的方式，操纵人的运势，甚至控制人世的事情。不过，这类信仰大多比较隐秘，人们相信有些人，比如神婆一类的通灵之士，他们可以到达另一个世界，或者与亡灵对话，或者向神灵行贿和邀功等。总之，在他们的观念中，有些人具有超能力，可以与神灵沟通。因此，民间信仰下总会产生一些类似神职人员的群体，他们出现在人们困苦、疾病、死亡等特殊时刻，并为信仰者提供特殊的帮助，起到心理安慰的作用。

民间信仰的广泛存在与万物有灵观念有着密切联系，正是因为人们相信灵魂之类的东西会一直存在，而且它们就存在于天地万物之间、就在我们身旁，因此，对它们施以礼遇，给予它们以敬畏和尊重就是顺理成章的事情。古时之人祭祀河流山川，并认为河神、山神会因此得到尊重和抚慰；祭拜百年老树、崇拜特殊生物，认为它们的灵魂可以庇佑人类。诸如此类的信仰和做法都认定这些有灵气的东西比人类更加厉害，比人类更加神奇。换句话说，人们认为这些东西身上有不死的因素，而这是人们向往和希望得到的。这类民间信仰还相信人们可以通过一定的方式与神灵沟通，从而说服、贿赂和改变他们，让他们帮助我们，或者至少不要伤害我们。因此，在这些民间信仰中，尽管有许多难以解释或令人困惑的地方，但都反映了人们试图通过自身的努力，获得神灵的庇佑和帮助，改变自己有死的状态，从而进入不死不朽世界的努力。更明确地说，因为人们相信万物有灵，所以认为人亦是有灵之物；有灵之物不会死亡，所以人并不会真正死亡。人们之所以要说服、控制神灵，是因为人们遇到了人世一些艰难的事情而无能为力，进而希望借助神灵的力量改变现状。总之，在万物有灵的信仰下，人们认为人与神灵是共居的，人类与其他生灵生活在同一个世界，生命只存在形态的不同，而没有真正的死亡。

得道成仙

道教思想在中国历史上源远流长，关于高人得道成仙的故事，以及道教神仙谱系中的人物多为国人熟知。近年来流行的诸多仙侠剧、玄幻剧有着浓重的道教、仙家色彩，这些电视剧、电影让人们对道教的一些人物以及理念倍感亲切。在这众多的仙侠剧中，大概数《仙剑奇侠传》系列最为著名，流传亦相当广泛。此剧虽然是以神话故事为背景，但其中关于“道”的描述和追寻却意味深长，耐人寻味，观众大概能通过剧情与人物的展开，感觉到剧中所说的道的存在和力量。人与天地万物来自大道，最后都要回归于道，得道者可超越人世。这种理念与道家、道教的基本诉求是一致的：因为有道的存在，人们便可以凭借道进行修炼，最后通过得道而超越生死。道到底是什么，老子在《道德经》开篇就说了“道可道，非常道”，我们大概不太容易通过语言准确地描述何为道，然而，却可以悟道、修道、得道。正是因为大道一直存在，人们凭借大道而生，依据大道而死，所以，人们相信只要真正与大道合一了，或者说回归大道了，就可以超越生死，进入得道的状态。得道之人，被道教称为仙人，得道则可登仙。当然，后来人们把某人去世也叫羽化登仙。实际上这里有两种不同的成仙方式，一种是没死之前，人们就已经成仙，飞升成仙；另一种是自然生命结束后，羽化登仙。一般而言，肉身生命的长生久视被道家认为很重要，诸如此类的养生之说多有保持肉身生命不朽的意味；然而，无论人们通过内丹还是外丹的方式都无法让人达到不死状态，所以得道成仙就自然替代了人世的肉身不朽之追求。

得道成仙的信念，依据的是人们对于道的信仰，道虽然难以捉摸和把握，也并不容易领悟，但是人们认为道是一直存在的，并影响人类社会甚至整个宇宙。因此，道在某种意义上就是不死不朽的。因而，人们只要能够领悟大道，获得大道的指引，就能够修道成仙，进入一个与道同在的不死不朽的世界。这个世界后来被人们按照中国古代人间秩序的模式进行了设想和安排，并清晰地勾勒出一个神仙谱系。玉清元始天尊，上清灵宝天尊，太清道德天尊，即道教所说的三清，是道教地位最高的三位神明，在道教中，他们三位就是道的化身。除此之外，天庭还有玉皇大帝、王母娘娘等。当人们得道成仙，进入天庭，就自然进入了一个不死不朽的世界。在中国古人的神话故事里，人们关于天上的世界多有想象和描述，甚至天上神仙所过的日子以及他们之间的恩怨情仇亦有描述。其中，著名的神话小说《西游记》关于天上神仙的描述令人印象深刻，在这个由神仙组成的世界里，有一个共同特征：神仙都是不死的。哪怕是飞升至月宫、孤寂于广寒宫的嫦娥，抑或是因非礼嫦娥而被贬下凡的天蓬元帅，无论是谁，只要是神仙，都是不会死的。因此，凡人羡慕神仙，想修道成仙，就是想跳出肉身限制，进入天庭，进入不死不朽的天界。

得道成仙，需要人们自身不断修炼，或许它并不需要有一个什么永恒的实体承载着，甚至不用主张灵魂不朽之类，恰恰相反，它要求人们忘记自我，损益自我的执着，摆脱凡夫的世界和肉身的制约，进入仙界。对于信徒来说，神仙所居的世界是自己死后可以到达的世界，如东极长乐世界，只要人们愿意付出和修炼，另一个世界——天堂[1]就是可以期待的。

信仰得救

苏格拉底临死前在与学生的讨论中，提到一个非常重要的观点，即死亡就是灵魂与肉体的分离。这种观点被后世的哲学家与宗教教徒奉为死亡认知的不二教义，灵魂不朽，也成了一些宗教的基本观念。正是因为灵魂不朽，所以人类的生死只是存在形态的转变，死亡只是灵魂离开肉身，而灵魂不会因为肉身死亡而消失。由于灵魂是永恒的，肉身是暂时的，甚至人们认为肉身对灵魂

1 关于天上神仙境界的描述，有说九天的，有说三十二天的，但最有代表性的是三十六天的说法。三十六天的说法吸收了佛教三界说，从下到上依次是欲界六天、色界十八天、无色界四天、四梵天、三清天和大罗天。欲界六天，从下往上分别是太皇黄曾天、太明玉完天、清明何童天、玄胎平育天、元明文举天，七曜摩夷天，欲界的人有凡间的形体，有欲望，是通过阴阳交合而胎生的。色界十八天，从下往上分别是虚无越衡天、太极濛翳天、赤明和阳天、玄明恭华天、耀明宗飘天、竺落皇笳天、虚明堂曜天、观明端靖天、玄明恭庆天、太焕极瑶天、元载孔升天、太安皇崖天、显定极风天、始皇孝芒天、太黄翁重天、无思江由天、上揲阮乐天、无极昙誓天，色界的人也有凡间的形体，但没有欲望，阴阳不交，化育而成。无色界四天，从下往上分别是皓庭霄度天、渊通元洞天、翰宠妙成天、秀乐禁上天，无色界的人没有凡间的形体，没有欲望，但仍有形，只是自己看不见，只有真人才能看见。三界之人，可以长寿，但不能不死，是道行较低的神仙。四梵天，也叫四梵民天，从下往上分别是无上常融天、玉隆腾胜天、龙变梵度天、平育贾奕天。四梵天的人长生不死，成为真正道行高深之神仙。三清天，即清微天玉清境、禹余天上清境、大赤天太清境。三清天之上是大罗天，是最高天界。三清天和大罗天的人，不生不灭，无劫运之数，是化生万物之根本。

来说是个沉重的负担，因此，人们早日脱离肉身，走向死亡就不见得是坏事。更可怕的是，由于肉身对人的影响，人会因此而失去理智，从而变成坏人、做坏事。人在人间做了坏事，不会被死后世界的统治者轻易放过，于是，人在死亡的时候差别就体现出来，做了坏事的人要受到神的审判和责罚，甚至进入地狱，经历死后世界永恒的折磨；做了好事的死后不仅不会受到惩罚，而且还会得到永恒的奖赏，即进入幸福的天国。这样一来，虽然人的灵魂是不死的，但是行径不同的人死后进入的永恒世界是截然不同的，其遭遇的命运将截然不同，有的人将受到永恒的处罚，有的人则进入美满幸福的天堂。如此一来，灵魂不朽的信念就与是非善恶联系起来，变成了伦理性的事情。因此，灵魂不朽并不能让人们立马安心，反而让有的人在死亡面前深深地感到恐惧，因为他生前的恶劣行径已然无可救药，死后等待他们的更是万劫不复的深渊。如何才能在死后进入天堂，避免受到永恒的惩罚，这个问题或许比死亡本身更令人揪心。在宗教教义和圣徒言论中这个问题有一定说明，其中，最容易让人们记住的就是“信仰即得救”的观念。即，无论人们之前做过何事，经历过何种艰难困苦，只要心怀希望，真心信仰上帝，那么，得上天垂怜，人就可以得到谅解，死后进入天堂，与上帝在一起。信仰即得救，上帝之手可以将人从地狱之苦的边缘解救出来。天堂与地狱，二者永远存在，灵魂的出路并无选择可言，因为实际上可行的路只有一

《安魂曲》是奥地利作曲家沃尔夫冈·阿玛多伊斯·莫扎特的重要作品。安魂曲是弥撒曲的分支，主要在罗马天主教超度亡灵的特殊弥撒中使用；安魂曲的意义不同于中国葬礼上的哀乐，其目的不是烘托哀悼氛围，而是以音乐为手段，表达人类面对死亡时对生命的反思和升华。莫扎特临终前创作的《安魂曲》被认为是同类音乐题材中登峰造极的作品。曲子保持了浓郁的宗教气息，既传达了上帝给人的启示，也表现了人对上帝的崇敬、赞美、信靠和祈求。

条，那就是信仰上帝，进入天堂；否则，死亡必定是件可怕的事情，因为地狱的生活比人世的生活要苦上千百倍，进入地狱的人将遭受永恒的惩罚。

对于基督徒来说，他们的永恒只能是天堂中的永恒，在天堂中，死亡就不再可怕了。反之，在地狱中的永恒将是可怕的，无法接受的。因此，仅有灵魂不朽还不足以解决人们的生死困顿，只有承认至上神的存在，并信仰和皈依至上神，人们才能抵达死后光明不朽的世界，这种信念帮助人们克服对死亡的恐惧，超越死亡。如果说人们在世间的所做所为是人死后进入天堂或地狱的凭据，那么，这倒为人在世间必须做个好人提供了强有力的依据或者保证。但是，上帝全知、全能、全善，如若他完全秉公执法，那么，一个人只要在人世间有哪怕一点作奸犯科的行为，或者说做了一件违背教义的事情，那么他就不可能逃脱上帝最终的制裁。这样一来，人们无论如何都有可能进入地狱，接受永恒惩罚的风险，这对于会死的人类来说是个沉重的负担。但是，上帝的形象从一个威严公正的至上神转变成一个对人间充满关爱的天父，这其中的变化为人们卸掉了死后可能遭受永恒惩罚的心理负担。只要真心信仰上帝，人就可以得救——无论人们生前所做所为到底如何。这个简单易行的观念让人们觉得亲切多了，也更容易接受。人犯错后，不原谅自己总是很难过的，因为犯错就要接受永恒的惩罚就更难过了，甚至无法接受。人通常很容易原谅自己的错误，却总是容易揪住别人的过失不放，并如数家珍。然而，上帝不应该是这样的，上帝应该能原谅一切人、一切事。如果人的过失可以被上帝原谅、宽恕，那么，人世间善恶对应的惩罚似乎就没有那么严苛了。哪怕人们之前有过错、恶行，只要相信上帝，诚心忏悔，就可以得到慈爱的天父的原谅和赦免，即信仰就能得救。

对于真正有基督教信仰的人来说，死亡不是个问题，死亡让信徒们回到了上帝身边，进入了一个神圣美好的不朽世界。因此，有这种信仰的人，他们看到和追求的世界是人世之外的世界，他们向往的是回到至上神身边。世上的一神教尽管有所不同，然而，大多都认为死亡是可以得到救赎的，信众相信至上神可以拯救他们，只要他们依教义行事和生活，死后进入一个幸福美满的不朽世界就是可以期待的。因此，我们可以看到：真正有信仰的宗教徒在死亡面前是比较镇定的。因为他们一生所向往的地方并不是人间，而是人世之外的另一个不朽世界，而死亡到来之时，他们终于可以进入期待已久的不朽世界，这对于他们来说是个幸福的时刻。哲学家苏格拉底虽然不是基督徒，但是他在世时对死后世界的信念与基督徒并无不同，他也相信死后他将与神在一起，过上永远幸福快乐的日子。死亡对他来说是个幸福的时刻，而不是可怕的结局。

超脱轮回

> 观自在菩萨，行深般若波罗蜜多时，照见五蕴皆空，度一切苦厄。舍利子，色不异空，空不异色，色即是空，空即是色，受想行识，亦复如是。舍利子，是诸法空相，不生不灭，不垢不净，不增不减。是故空中无色，无受想行识，无眼耳鼻舌身意，无色声香味触法，无眼界，乃至无意识界，无无明，亦无无明尽，乃至无老死，亦无老死尽。无苦集灭道，无智亦无得。以无所得故。菩提萨埵，依般若波罗蜜多故，心无挂碍。无挂碍故，无有恐怖，远离颠倒梦想，究竟涅槃。
>
> ——《心经》[1]

人要出世，离开人世，向往另一个世界，往往有一些强大的理由，其中老、病、死之苦是人们最常想到的理由。如果说人们在世间经受的苦难是如此之多，那么，希望摆脱世间诸多苦难，进入一个无生无死、无老无苦的世界，就是再正常不过的愿望了。

人们希望脱离世间诸苦，进入一个无老死、无苦难的地方，这个地方显然

1 即《般若波罗蜜多心经》《摩诃般若波罗蜜大明咒经》。

不可能是人世间。在诸多出世不朽的追求模式中，有一个十分特别的类型。佛家既不主张一个永恒的实体来承载或拯救人们，也不直接把一个永恒不变的世界呈现在人们面前，相反，它反其道而行之，认为世上并没有永恒不变的实体，也没有一成不变的世界，“成、住、坏、空”乃是世界运行之常道。这种模式与我们前文提到的出世不朽模式大为不同。在它看来，世界万物都是因缘聚合而形成，因缘俱足则万物成形，因缘已尽则事物解体，因缘到头了，世界就自然消失。举凡世上所有人和事大概都是如此，无一例外。因此，人实在没必要执着于生死，因为生死不过是因缘聚合、消散的必然过程。同时，人也没必要执着于自己生活的世界，人来到这个世界是因缘际会中的事情，离开亦是如此。在它看来，这个世界和人的生命一样，都是暂时的、变动的，实在没有什么可留恋的。因此，聪明人不会为死亡的事情太过伤神，也不会用力去追逐那些看起来实在、本质上为空无的人世之物。人类现实所居的世界是不实在的，人类自身也是不实在的，真实的世界只有在这些可见、变动的世界被人们看透之后才能呈现，它当是“不生不灭，不垢不净，不增不减”的。然而，人类大多数时候像其他生物一样，并不能看透这世界的空无，因而无法窥探世界的真相，于是，就不得不永远在这样一个变动不居、疾苦遍地的世界中生存、轮回。也就是说，人类在没有认识到世界的真相与人生的真相之前，就只能受制于生、老、病、死的变化过程，一直受到这些苦痛的折磨。人死之后，人类的存在形态并没有消失，只是根据人们生前的认知和修行状况而被抛到其他的生命存在形态中，在“天道、人道、阿修罗道、畜生道、饿鬼道和地狱道”六道中不断循环轮回。因此，人死之后并不是什么都没有了，“人死如灯灭”的看法在他们看来是一种断灭见，是一种错误认知，人死了不过是转入了另外一种生命存在形态，向另外一个世界进发了。由于大多数人的认知与修为并不能一下子达到佛家所说的要求，因此，在认知与修为的基础上，人们自然只能进入到与他们的认知与德行相匹配的世界。由此，无论如何，死亡并没有让人完全消失，而是让人转成了其他生命存在形态，进入了另外的世界。从这种思路来看，世界是一直存在的，世界中的存在物也是一直存在的，区别仅在于是什么样的世界、什么样的生命存在形态。换句话说，世界有高下和种类之别，存在形态有完满与不足之分，人要做的事情是提高对世界真相的认知，超出当前不完满的存在状态，超越当下变动不居的、充满苦难的世界。因而，从这个角度来看，虽然佛家极力强调空无，论述“缘起性空”，但是从根底上看，世界和实体并没有消失，而是被分成好的世界与不好的世界、高级实体与低级实体。这些世界与实体是一直存在的，人类与其他生物只是在它们之间循环往复，不断变化而已。佛家或许是要告诉人们：我们只有不断提高对世界真相的认知能力，提升个体的人生境界，最后，在死亡到来的时候才能上升到更高的存在形态，进入更好的世界。当然，同时有人也会面临风险：死后下降到更低级的存在形态，进入一个更糟糕的世界。人们到了更糟糕的世界受到的惩罚将是难以想象的。不过，这并不是必然的，只要人们继续修行，还是有机会重新进入更高的存在形态，抵达更好的世界。在这个过程中，人们并不需要得到某个特殊存在者的认可，比如至上神的认可、宽恕，依靠自身的努力就能完成变身与转境，成为更好的自己，进入更好的世界。因而，佛家的理想世界是无穷无尽的，人死之时能“心无挂碍故，没有恐怖”，最后能远离颠倒梦想，超脱生死轮回、究竟涅槃，这就是佛教意义上的不朽。不朽虽然不是佛家所主张的，但是其极乐世界的描述，“不生不灭，不垢不净，不增不减，究竟涅槃”的追求，却刻画了一个完美的不朽世界。它在这一点上与前面提到的其他不朽世界模式并无太大差别。而真正依靠自身、不断提升认知、努力修行的教诲，又让我们看到了一个不会消失的主体在背后默默支撑和付出，这个主体实际上就是永恒的实体，只是其形态和内涵是变化的，而人们最终向往的那种存在形态可能是一致的。

如果死亡只是生命存在形态的变化，那么死亡就不是一件多么恐怖的事情，相反，它是一个契机，一个向更好的世界与更高的存在形态转化的契机。可是，这对于不愿意修行，不愿在人世行善积德的人来说，可能就是一个噩梦，因为死亡可能会把自己带往另一个更糟的处境，赋予自己一个更低级的存在形态，让自己遭受更多的苦难。不过，无论怎么做，主动权都在人自己手里，关键看怎么选择了。

人类向往不朽有许多不同的形式和路径，然而，像佛家这样把人世看成是苦海无边的却少之又少。可是，佛家将人类从苦海之中拯救出来的慈悲之心却又成为人们永生永世可以依靠的宏大初心。将人死之后的世界一并肯定下来，不让人死之后万事成空，这又让人们对死后世界不至于产生决然的恐惧与绝望，这是佛家慈悲之心的体现，死后世界的存在又为人们提供了一个死后可以期待的去处，这就从根本上否认了死亡：死亡只是众生存在形态的变化，而不是绝对的消亡。因此，这种形态的不朽追求融合了实体式不朽追求与不变世界的不朽追求，可是又与它们有所不同。不过，无论三者有何不同，其相同的地方都是把人的生命形态在时空上往后、往前延续了，甚至在超越时空的意义上肯定了人死之后世界的存在，或者说从根本上否定了死亡的存在。因此，对于佛家来说，不朽与否其实并不重要，因为有朽的世界是人世间的事情，有朽的对象是人的肉身，而佛家所向往和信仰的世界并不在人间，它向往的是不朽的世界和不变的实体。人们念兹在兹的“不朽”对于佛家来说并不需要去追求，也无所谓理想，因为佛家信仰的世界本就是不朽的，佛家信奉的实体根本就是不死的，佛家的努力仅在于证实这个实体和世界的不朽。所以，当我们谈论出世不朽时，实际上只是从一个普通人或者说没有宗教信仰的人的角度谈在人世间面临诸多问题尤其是死亡问题时，如何寻求解脱和超越。死亡问题对于真正的宗教徒来说根本不是问题，死亡是怎么回事、如何往生，这在他们的教义与经典中早有答案。死亡之所以成为一个问题，是因为有些人并不相信宗教关于死亡和世界的看法。

第四章

自我的超越

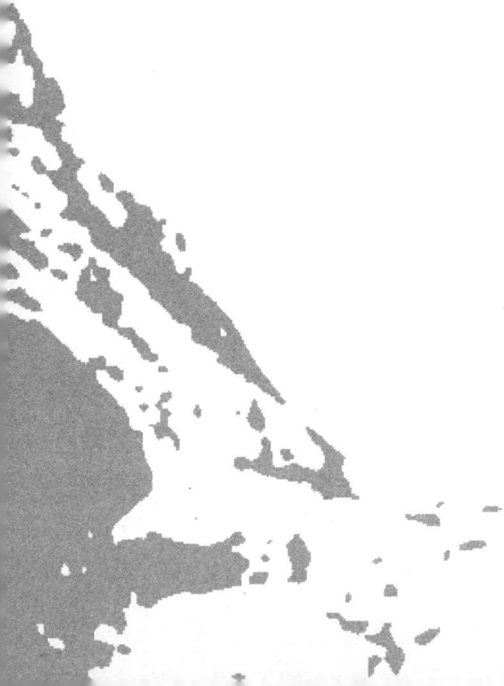

没有宗教信仰的人能否超越死亡？这个问题对于原始人来说不是问题，因为那时候还没有宗教信仰一说，对原始人无问题，对现代人来说当然亦可无问题；对于无神论者来说，这也不是什么问题，没有神的世界，人仍然可以从容面对死亡。

人们面对死亡的过程就是自我超越的过程，无论人们的自我概念中到底有什么，最终，能帮助人们面对死亡而不害怕的东西就是我们可以依靠的东西，这个东西可以是神灵，也可以是家国天下；可以是同类的关爱，也可以是某个具体的物件（比如宠物），甚至可以是那个赤裸裸的自我概念。这些帮助人们面对死亡、克服死亡恐惧的东西就是人的死亡认知图式、信念意义体系，它给人确切的观念，予人生活的力量与勇气。如果一定要把所有帮助人类超越死亡的东西都算成是信仰的内容，那么，人面对死亡的确不能没有信仰；如果不一定非要把这些东西类比于宗教信仰，那么，依靠某个信念也可以帮助人们度过死亡的劫难，达到“无挂碍故，无有恐怖”的境界。

《死之岛》

《死之岛》是俄罗斯作曲家、钢琴家谢尔盖·瓦西里耶维奇·拉赫玛尼诺夫的交响诗作品，据称创作灵感来自瑞士画家阿诺德·博科林的一幅同名油画《死之岛》。作品中浸透着悲伤和眼泪，当人孤独地走向死亡时，只有以死观生，洗涤身上的尘埃，才能赋予死亡以崇高的悲剧意义，从而超越死亡，获得生命的意义。

第一节 死亡与自我

在死亡面前，人注定是孤独的，因为没有人可以代替他去死，也没有人可以真正陪同他死去，人必须一个人死去，这就是人在死亡面前的命运。

死亡虽然会带走所有人，历史上也有过群体性死亡事件，然而，人死的时候，总是一个一个的单独地死亡，其他人的死亡，或有人同一时间、同一地点死去，并不能让人觉得安慰，也不会让人觉得自己的死亡理所当然，每个人的死亡都是孤寂的，不会因为与他人在同一时间、同一地点一同死去而改变。

死亡首先总是个人的死亡，更确切地说，死亡总是人自己要面对的死亡。无论是他人的死亡，还是自己的死亡，死亡总是个体性的。死亡是个体最大的人生问题。

死亡的个体性

在我们的日常生活中，有时会看到一些令人心痛的画面，比如孩子得了绝症，父母痛不欲生，有的父母甚至说，只要能让孩子得救，哪怕让自己折寿或者代替孩子去死——他们也愿意；有的时候，孩子去世了，父母难以释怀，有的父母亲直接自杀了，说是要陪着孩子而去。白发人送黑发人，这本是个体惨烈的人生悲剧，孩子要离去，父母爱子心切，愿意以命相抵，或者随孩子而去，这种想法和做法确实令人感到心痛。

这些父母的心愿或行为，即以自己的性命换取孩子的性命，或者以自己的死亡追随孩子的死亡，是否能改变孩子遭遇死亡的命运呢？其实，父母的心愿和行为改变不了任何事情。死神不会同情任何人，也不会改变其带走任何一个人的决心和意志。更进一步说，哪怕人世间人与人之间如何情深义重，父母如何深爱自己的孩子，夫妻如何百般恩爱，子女如何全心尽孝，可是真正面对死亡时，再深的情感也改变不了死亡降临到亲爱之人身上的命运。古时之人相信“深情”可以感天动地，或者诚心可以感动上天诸神，从而使得上天垂怜，改变个人的死亡命运；然而，这种想法在现实中却常常遭到重击，纵然有人呕心沥血、用情至深，却仍然是上天难遂人愿，即便人们所做所为感人至深，可是依然无法改变死亡降临到亲爱之人头上的命运。

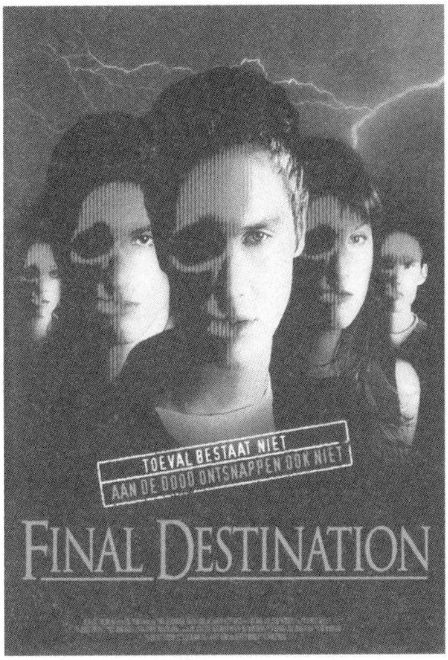

《死神来了》系列电影第一部于 2000 年上映，由黄毅瑜执导，由戴文・萨瓦、艾丽・拉特等人主演。影片讲述了一个班的高中生乘坐飞机去法国度假时，遭遇飞机爆炸，一个预知灾难的男生集合一帮同学提前下了飞机，但这几个幸存者依然无法逃出死神魔掌的故事。死亡不可避免：无论人如何逃避和取巧，终有一死的命运是不可逃避的。

人起心动念，如何影响他人的命运，这本就是个令人感到困惑的问题，在科幻电影或神话故事以及宗教信仰中，可能存在这样的故事、信念或看法——情感、信念能战胜死亡，现实却是：死亡不会因为任何个体的愿望而改变，个人的死亡是个不可逆转的过程。所以，我们必须清醒地看到：一个人的死亡并不会因为其他人的深情、愿望、行为而被改变、替代。死亡就是我们自己的死亡，哪怕我们有深爱的恋人、爱我们的父母、可爱的孩子、亲爱的朋友等，这些人可以陪伴在我们的身边，直到我们死去。可是，他们是不可能改变我们死亡的命运的，他们既不能代替我们去死，也不能在死亡降临之际与我们一同离去，死亡只能是我们个人孤零零地上路。当然，我们也没有理由让他人代替我们去死，也不能要求他人陪伴我们一起死，因为死亡毕竟是每个人自己的事情，我们绝没有麻烦他人代劳的理由和资格。幸好大自然没有赋予人类代劳他人死亡的能力，不然，这世上定会多出许多枉死冤魂。如此一来，那些宣称要报复社会的人注定要失望了，他们实际上并不能通过杀害别人而改变自己必死的结局；那些让他人陪葬或用兵马俑陪葬的君王也注定竹篮打水一场空，因为终究没人能陪他们一同上路。

有情众生，爱之欲其生，不欲其死，本是人类十分正常的情感，也是人性美好的体现，然而，不能因此夸大人类情感的力量，以至于认为它可以感天动地，甚而可以改变死亡终将到来的命运。人类始终应该谦卑一点，尤其是面对死亡时。老子说“天地不仁，以万物为刍狗”，人类与其他生灵在死亡面前其实是一样的，天地并不会因为我们的情感而格外开恩。死亡并不可怕，误会死亡、掩耳盗铃，或者以为向死亡眉目传情就可以改变死神的决定，这就可怕了！

我的死亡

> 在正常情况下，我们实际上四处奔忙，从未相信过自己的死，一如我们对自己肉体的不朽深信不疑。我们企图把握死亡……当然，一个人会说他知道自己终有一死；但实际上他并未在意。他活得正愉快，他既不需去考虑死亡，也不会为之感到苦恼。
>
> ——齐尔伯格

我的死亡，总是一件难以想象或者不愿想象的事情，就像弗洛伊德说的那样，人们总是习惯于旁观他人的死亡，而不愿相信“那死亡”与自己有何联系。即便一些人目睹了太多的死亡事件，可是，人们总还是理所当然地认为那是张三、李四、王五的死亡，他们的死亡或许是值得同情的，是不幸的，是可怕的，然而“这死亡”却毕竟不是自己的死亡，因而只是他人的事情，与

《死之舞》

《死之舞》是匈牙利作曲家、钢琴演奏家弗朗茨·李斯特的交响诗。据称作品源于李斯特对一幅教堂壁画《死神的胜利》的感触和理解：壁画上不论是高高在上的教皇、君王，虔诚的修女、修士，作恶的强盗、乞丐，还是普通老百姓，最终都逃不过被死神带走的命运。《死之舞》整部作品采用“死亡”主题形成旋律主线，任何人都要死去，而死亡可以是壮烈、坦然、没有悲伤的。

自己无关。人类这种屏蔽死亡的心理比较普遍，它常常令人费解。从理性的角度来看，如果人都有死，我是人，那么，我的死亡就是毋庸置疑的；从归纳的角度看，人类历史上所有人都死了，所以我应该也会死。尽管人们从演绎推理或者归纳推理的角度都可以得出“我会死亡”的结论，然而，人们总是存在侥幸心理：或许我很特殊，不受死亡制约呢？再者，历史上那么多人都死了，可那是他们的事，他们死了，并不见得我就必然会死。这种心理现象，文学作品的描述当数托尔斯泰的名著《伊凡·伊里奇之死》最为生动。伊凡·伊里奇死了，前来参加伊凡·伊里奇葬礼的好友彼得·伊凡诺维奇一开始也感到恐惧，但是很快他就不害怕了，因为他认为那不过是伊凡·伊里奇的死亡，与自己无关，他只是来参加伊里奇葬礼的。托尔斯泰借助笔下的死亡旁观者把人类对死亡的侥幸心理表现得淋漓尽致：

> “三天三夜可怕的痛苦，然后是死。要知道，这样的事对我来说，也随时可能发生，现在就可能发生。”他这样想着，立刻就感到一阵恐惧。但马上，他自己也不知是怎么回事，一个习惯的想法跑来帮了他的忙：这事是发生在伊凡·伊里奇身上，而不是发生在他身上，他是不应该发生也绝不会发生这样的事的。如果他总是想着这一点，他就会情绪低落，而这是不应该的，施瓦尔茨脸上的表情也分明说出了这层意

思。做了这样一番推断以后，彼得·伊凡诺维奇放下心来，开始饶有兴趣地询问伊凡·伊里奇临终时的种种细节，仿佛死亡只是一种例外，它只可能发生在伊凡·伊里奇身上，而完全不可能发生在他身上[1]。

人们有时候虽然会从他人的死亡事件上受到触动，但是，很快我们就可能转移注意力，或者转换思路，又回到了“死亡只是他人的事情，与我无关”的念头上来。人类旁观他人的死亡，把自己从死亡事件中摘除出去的想法是如此坚固，以至于不少人确实成了弗洛伊德所描述的那样：根本不相信自己会死。因此，意识到“我的死亡”，并相信“我的死亡”与“他人的死亡”并无不同，这是个异常艰难的过程。有的人虽然口头上承认自己会死，认同生理学描述的死亡过程，但是这与相信自己会死还不太一样，口头承认死亡和真正认为自己会死通常有十万八千里的距离。要让一个人真心实意地相信他的死亡不可避免，是非常困难的事情，即便这件事情看起来是如此明显。这种现象告诉人们：死亡这件事情是需要从他人那里得到强化的；然而，死亡真正要被人们接受不是他人所能决定的，它必须撼动个体的心灵。

神话小说《西游记》写美猴王之所以拜师学艺，是因为发生了一件令美猴王印象深刻的事情：猴群当中一只老猴

1 托尔斯泰：《伊凡·伊里奇之死》，2017年，许海燕译，北京：东方出版社，第189—190页。

《伊凡·伊里奇之死》

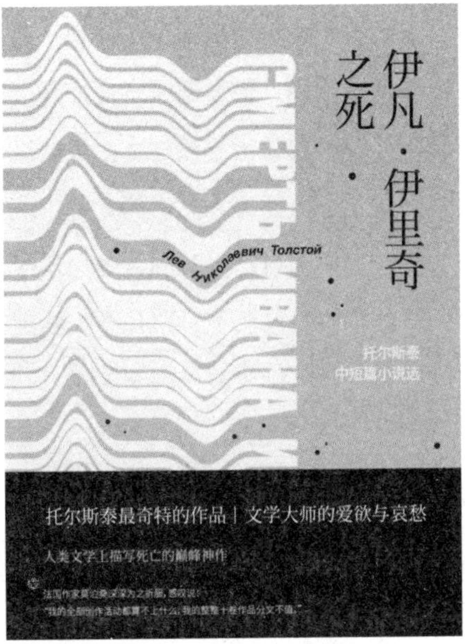

《伊凡·伊里奇之死》讲述了这样一个故事：伊凡·伊里奇是一个官员家庭的次子，从小聪明优秀、富有教养的他经过不断的努力后获得了理想中“轻松且体面的生活”。因为一次小的意外，他逐渐病魔缠身，在与疾病的斗争过程中经历了从掩盖、否认、无力面对、反思到接受死亡的过程，最后平静地死去。

子死去了。美猴王看到如此情景，十分震惊，他困惑不解、惊恐不已。因为在此之前，在他的心灵世界里是没有死亡的，生于天地之间，与众猴无忧无虑地嬉戏于洞天福地之中，死亡从来不是他考虑的问题。直到有一天，美猴王突然发现：原来生命是会死去的！美猴王内心深受触动，他发现原来自己是会死的！于是他才决定出去拜师学艺，寻找长生不死之法。虽然这只是个神话故事，但是它实际上揭示了人类死亡意识的觉醒。从来不相信死亡会降临到自己头上，不认为自己会死的人突然发现：事实原来并非如此，死亡同样会降临自己头上！这是令人感到十分震惊和意外的。正是这样一种认知将彻底改变一个人对自己的看法。当人们不再把死亡当成是别人的事情，而是认为死亡就是自己的事情，死必将与自己相关时，死亡才真正成为个人的问题。

当人们审视自己的死亡时，常常会想到几个层面的死亡：肉身死亡、心理死亡、社会死亡、终极死亡。肉身死亡是人们最容易想到的事情，这是自然生物解体的一般过程，人类与其他生物并无不同，都要遵守基本的生物学规律。除了肉身死亡，人的心理和意识层面的解体则属于人类特殊的精神现象。至于心理死亡过程，人类虽然对临终前的死亡心理过程有了一些研究，但是对于死亡真正来临时人的意识层面和精神现象到底是怎样的却没有太多认知。当人的肉身死亡被医学宣告之后，法律会接受医学上的死亡证明，然后社会开始主动地剥离人的社会身份，比如户籍和身份证明的失效，随后，伦理关系、经济关系、法律关系等基本的社会关系结束，社会死亡随之发生。一个人可以想象他的肉身死亡、心理死亡、社会死亡，这个过程实际上是在剥离一个人在世的内容，抹去逝者在世的痕迹。然而，当人们发现：这个可以想象肉身死亡、心理死亡、社会死亡的精神本身也可能死亡或消失时，承载人类思维、记忆等全部精神现象的主体也面临死亡时，这就是最后一种死亡形态，终极死亡。终极死亡带给人的影响或许是人类其他层面的死亡所无法匹敌的，与之相伴的死亡焦虑将是终生的。

死亡恐惧

怕死是一种非常普遍的人类心理现象，也是一种正常的人类精神现象。虽然人们经常被教导不要怕死，要勇敢，但是，这依然无法使人消除对死亡的恐惧，从古至今，一直如此。著名的伊壁鸠鲁曾经教导人们说：

> 如果有人说他之所以怕死，并不是因为将来死亡到来之时将使他痛苦，而是因为未来的死亡现在已经使他痛苦，说这话的人是荒唐的：当前就去为未来的事情烦恼是愚蠢的。因为这件事在现存的情况下并不使人忧虑，而当其被作为意

> 料中必将到来的事时，也只能带来无谓的烦恼。所以在一切恶中最使人害怕的死亡，对于我们是无所谓的，因为当我们存在之时，死亡不存在，而在死亡来到之时，我们已经不存在了。因此，死亡对于生者和死者都不相干，因为对于生者来说，死还不存在；而对于死者来说，死已不存在。

伊壁鸠鲁的意思很明确：人活着的时候，死亡还未到来，所以人无须害怕死亡；人死之后，死亡已成事实，害怕死亡已经没有必要、也没有意义。这种教导看起来非常理智，它符合人们一般的思维习惯。但是，这位著名的智者留下的教导却不一定能让人们消除对死亡的恐惧，换句话说，人们哪怕接受了他这样一种看法，可是依然有可能害怕死亡。英勇就义的人，后世对他们的勇敢加以表彰和传颂，其英雄故事更是令人叹服，可是，谁也不能否认，英雄在就义之前可能曾经害怕过死亡。当代心理学研究明确指出，人类对死亡的害怕普遍存在，死亡恐惧与生俱来，伴随终生：

> 对死亡的恐惧是普遍存在的，而且这种恐惧是如此巨大，以至于人将生命的大部分能量都消耗在对死亡的否认上。对死亡的超越是人类经验中的一个重要主题——从个人内心最深层的现象（我们的防御、动机、梦与梦魇）到最公开的宏观社会结构（我们的历史遗迹、宗教信仰、意识形态、长眠

的墓园、防腐存尸、太空探索），乃至我们整个生活方式（打发时间、娱乐成瘾、对不断进步的这一神话的坚定信仰、“向前冲”的驱动力以及流芳百世的渴望）。[1]

人类对死亡的恐惧是如此普遍，以至于人们终其一生要花大量的时间和精力去克服死亡恐惧。

所谓死亡恐惧，总的来说是指人们对死亡后果感到害怕，或者对与死亡相关的具体事物产生畏惧的情绪。人们常常对与死亡相关的具体事物感到害怕，比如有人害怕尸体、坟墓、太平间等与死人相关的空间与事物。

上文提到，“我的死亡”有肉身死亡、心理死亡、社会死亡、终极死亡几个层面，而人们对死亡产生的强烈恐惧常常来自前三个方面，即对肉身死亡、心理死亡、社会死亡带来的相关后果产生恐惧，而终极死亡则是死亡焦虑的核心内容。一般而言，人们害怕肉身死亡，最常见的是对尸体感到恐惧，即便是人们非常熟悉的人，当他们去世以后，许多人还是会对他们的尸首感到害怕。与之相关的是对处理人类遗体的空间（太平间、殡葬馆、墓园）、机构（殡仪公司、医院）、人群（殡葬从业者、医护人员）等感到害怕或恐惧。人们心理上对死亡的恐惧，常常体现在人们对临终者心理的神秘莫测、难以沟通感到害怕，由临

1 欧文 · D. 亚隆：《存在主义心理治疗》，黄峥、张怡玲、沈东郁译，北京：商务印书馆，2015 年，第 44–45 页。

《生之欲》

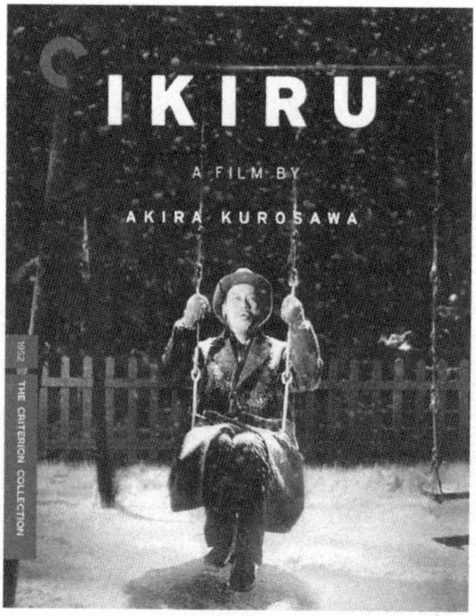

《生之欲》是日本导演黑泽明 1952 年执导的黑白电影，讲述了市民科科长渡边堪治在得知自己罹患胃癌并已发展至晚期后感人的生命故事。渡边是一名兢兢业业的模范公务员，保持了近三十年全勤的纪录，然而他和同事们一样，虽每天忙忙碌碌，却人浮于事，不知道自己在忙些什么。渡边在得知自己罹患癌症后开始反省，重新对生命进行反思——人要用什么去战胜自己的死亡恐惧呢？或许如电影所述，人若不曾真正活过，对死亡的恐惧就会极其强烈；反之，人生过得精彩的人大抵是不会惧怕死亡的。

终者的面部表情以及肢体动作等引发的感官刺激和心理猜测也会让人感到害怕。社会死亡，常常从医生的死亡证明开始，随之而来的告别仪式、遗体瞻仰、骨灰储存、丧葬仪式等一系列活动，以及与此相关的一系列习俗和禁忌等，对于许多置身事外的看客来说，也会觉得恐惧。不少社会习俗都对医院有所忌讳，对殡葬行业更是退避三舍，与死亡相关的一切人、事物及其话语表达充满了曲折和避讳的意思，仿佛那些与死亡有过接触、打过交道的人或物浑身都是不祥或晦气。这种现象的直接后果就是造成了人类关于死亡的各种禁忌和回避。可是，无论人们如何避开与死亡相关的事情，它们却始终充斥在人们的生活中，因为没有人家里从来无人去世过，几乎没有人从未去过医院，没有人从来不曾见过逝者留下的遗物，更无法回避的是：总有一天，我们每个人都要去那些令人感到害怕的地方，比如殡仪馆、太平间、墓地，那里实际上是现代人肉身的归宿。现代社会有意识地把这些令人感到不适或害怕的地方、事物与人类的日常生活隔绝开来，凡此种种，无非源自人们对死亡具象化的恐惧。因为对死亡感到恐惧，所以对与死亡相关的一切事物感到害怕。这种心理很好理解，却不容易消除，因为人们看到这些东西的时候，除了其本身令人感到压抑、不适、悲伤之外，还可能让人们联想到自己、亲人、朋友的死亡。人们对死亡的恐惧是如此巨大，回避和厌恶死亡以及与之相关的事物就是最容易产生的情绪。然而，人们对死亡产生的恐惧并不仅仅局限在对具体事物的害怕上，即对与社会死亡、心理死亡、肉身死亡相关的事物感到害怕，除了这三个方面之外，死亡还有终极死亡这一层含义，人类对终极死亡的恐惧或许才是最难克服的。

死亡焦虑

死亡焦虑，就是指人们担忧能够思考的人的心灵或自我消失。这种担忧虽然很常见，但是比较隐蔽、深沉。人们可以想象肉身腐烂、社会关系解体等一系列具体事件的发生，然而却很难想象自我心灵的消失：当你在想象或思考时，你的心灵一直都在，你甚至不能想象你心灵的消失是什么样子。尽管如此，人们仍然会不时地冒出一个念头：万一这个正在想象、思考、怀疑的心灵消失了怎么办？这种焦虑就是人类对终极死亡的焦虑。

死亡焦虑与死亡恐惧都是人类对死亡的害怕和畏惧之情，然而，二者还是有些区别的：引发死亡恐惧与死亡焦虑的对象及其性质不同，即死亡恐惧的对象多为具体事物，而死亡焦虑则并不是来自对具体事物的担忧；死亡恐惧的对象是与肉身死亡、心理死亡、社会死亡相关的具体事物联系在一起的，而死亡焦虑则来自人类对普遍性的终极死亡与意义危机的担忧。一般而言，死亡焦虑潜藏在个人心底、难以察觉，甚至会转化为其他形式呈现出

《存在主义心理治疗》

《存在主义心理治疗》是当代精神病学家、存在主义心理治疗代表人物欧文·D.亚隆的重要作品。本书中亚隆教授从临床经验、实证研究、哲学文献以及其他大量资料出发，围绕着四个“生命的终极关怀”——死亡、自由、存在的孤独和无意义——逐一展开深入探讨，阐述每一个存在性关怀的意义，并论述了治疗师应该如何通过对这四个命题的理解来进行有效的临床治疗。本书既是一部存在主义取向的心理治疗的经典教科书，也是一本对死亡、生命、存在、人生意义有深刻反思的哲学著作。

来，而死亡恐惧则是比较明显的，通常浮在表面，很容易爆发出来。死亡焦虑会引起人们强烈的死亡恐惧，而死亡恐惧也可能激发人们的死亡焦虑。著名的存在主义心理治疗大师欧文·亚隆曾提到他自身经历过的一件事情：有一次，他被邀请到一个城市去演讲，突然之间，他对乘坐飞机产生了巨大的恐惧感，以至于难以自持，可是，在此之前他从来没有发生过这样的事情。这件事情甚至影响到了他的演讲事宜及正常工作。亚隆在事后分析自己的心理状态时认为：突然之间害怕坐飞机，是因为他联想到飞机可能坠机，死亡可能降临头上，这是明显的死亡恐惧。而这个具体的恐惧对象，乘坐飞机，正是由他内心的死亡焦虑所引起，因为在那段时间里，他正受强烈的死亡焦虑之影响，他非常担心自我的消失。就像亚隆分析的，死亡焦虑会影响一个人对外在事物的评判，甚至引发强烈的死亡恐惧。另外，人们看到一些具体事物，也可能引发死亡焦虑，比如看到飞机坠机的报道或目睹车祸现场，这些场景也可能激发人们的死亡焦虑。

关于心灵本身，通常是哲学、形而上学讨论的问题，哲学家们对心灵在人死之后是否存在、心灵的性质、心灵与身体的关系等问题有过深入讨论，不同哲学家对这些问题的看法各不相同。当人们肯定心灵或自我不死（灵魂不朽）时，死亡焦虑或许是不太可能产生的，死亡焦虑是人们对心灵是否为实体，心灵是否一直存在产生怀疑甚至否定之后才出现的问题。也就是说，人类对终极死亡的焦虑，在哲学观念里受到了无神论、物理主义、现象主义、实证主义等哲学流派的影响，这些哲学理论有一个共同特点，就是不再把心灵当成是与身体平行的实体，而是把心灵等人类精神现象看成是物理世界的附属物，是偶然产生的东西；因此，心灵会随着肉身的死亡而消失。尽管如此，人们并不愿意完全接受这样一种看法，因为心灵的消失实在难以接受，也很难想象。更重要的是：人类心灵具有的能动性、创造性，以及人心中的理性、意志、激情等构成的人类精神世界会消失，这的确令人难以接受。与人类心灵相关的一切价值、文明、文化等离开了心灵，那将是什么？死亡焦虑的产生与人们对终极死亡的担忧息息相关，同时，也与人们对意义虚无的感受相关。

人类不愿意接受自我消失或者说心灵消失，与人们不愿意相信具有如此伟力的心灵会消失有关。人活着的时候无时无刻不在使用着自我的心灵，人类文明发展到今天，没有一事不与人类的心灵相关。我们很难想象，像孔子、柏拉图、牛顿、康德、爱因斯坦等伟大人物的心灵会消失，他们的精神直到今天仍然在惠泽后人，他们的心灵如何可能消失呢？我们更难以想象正在思考着柏拉图等伟大心灵的自我的心灵也会消失！可是，无法想象并不表示不可能，自我的消失或人类心灵的消失在现代人心中依然是个疑问。这种忧惧是根深蒂固的，它有着强大的思想、社会系统的支持，也受到科学技术与当今风尚的影响。当怀疑论占据着思想的阵地，人与人之间难以产生信任，人类对各种关于未来世界的描述产生怀疑，这些都足以让人们陷入死亡焦虑的巨大漩涡之中。陷入这种漩涡，人们由焦虑而来的直接感受就是无意义。弥漫在当今人类心灵中的焦虑或许来自现代人的日常生活、工作环境，就变化加速的外部世界，随之而来的还有对意义的感受匮乏，对安定感、确定性的渴求难以满足，这一切的背后是一种关于死亡 的观念：死亡将夺走人的一切！因此，人们对终极死亡的担忧，给人类留下了一个难以解答的问题：人终究要死，人死之后自我消失、心灵不在，那么人活着时所做的一切还有何意义？人的心灵消失后，谁还能理解人们活着的时候创造的意义？换句话说，人的心灵如果注定要消失，人的自我也会消失，那么，在消失之际有什么东西能够帮助人们化解对终极死亡的焦虑情绪？是否有一种东西可以让人们相信：哪怕我死了，精神没有了，这样一种东西依然会存在，我甚至还可以在它上面延续生命或重生？更明确地说，人们在死亡之际，需要一种信念，这种信念能够让人们坦然面对死亡，化解死亡焦虑，这样的信念一旦确立，就可以让人们战胜死亡，超越死亡！

第二节 信念与超越

人类战胜死亡，不是让死亡消失，而是让人们恐惧死亡的情绪得到缓解和克服。超越死亡也不是要越过死亡的命运，改变死亡到来的脚步，而是在对死亡有清醒认知的前提下，面对死亡做好准备，与死亡达成和解，虽死而无惧。

人类超越死亡有许多方式，即帮助人们克服死亡恐惧、缓解死亡焦虑的方式有很多种，但无论是哪一种，人们都需要确立起一系列的死亡认知和信念，并在生死之间找到意义和价值，真正感受到意义和价值带来的力量与支持。如果人心中有一种力量足够强大，强大到可以让人们忽视死亡，让人认为失去生命不如失去它更令人害怕，守护它比守护自己的生命更重要，那么，这种东西就是可以帮助人超越死亡的东西，这种东西具有的力量就是鼓舞人心的精神力量。人类要想真正超越死亡，必须相信这世上确实有一类东西，它们具有恒久的价值，拥有强大的精神力量——这就是我们通常所说的信念（或信仰）。在死亡面前，没有强大的信念是无法过关的！强大的信念是支撑人们自我认知、自我认同、自我超越的基础。换言之，在死亡面前，自我之中有什么东西足以支撑人们屹立不倒，这类东西就是我们信念的内容，也是自我概念的核心内容。

清点自我

自我这个概念，就像心灵这个概念一样，虽然人们大概理解它是什么意思，但是，如果深究起来，人们却未必明白其具体内涵。人类对自我概念的研究长期以来都是归在哲学讨论的范畴之内，哲学家们对自我概念的理解充满了个人特色，不同哲学家对自我的看法也不太一样。这种纷乱模糊的局面引起了自然科学家的不满，他们追问：到底什么是自我？自我都有哪些内容？那么哲学家也好，科学家也好，他们所谓的自我具体指的是什么？在这种思路之下，美国哲学、心理学家威廉·詹姆斯从心理学的角度提出了自我概念的理论。詹姆斯在其《心理学原理》中比较系统地讨论了自我概念的具体内容，认为自我包含了属于我们的所有的东西，比如朋友、孩子、家、衣服、宠物、名声、记忆、知觉，以及身体结构等。詹姆斯还把自我分成四个部分：物质自我、社会自我、精神自我、纯粹自我。所谓物质自我是指人们对自我身体的认识；社会自我是对他人心目中的自己的认识；精神自我则是对自己的意识状态、心理倾向和能力的认识；纯粹自我是指抽掉具体规定后人们对自我心灵的认识[1]。纯粹自我大概就是哲学上讨论的认知主体，笛卡尔说“我思故我在”，自我是一切思考和认知的逻辑起点，詹姆斯虽然要把抽象的自我概念落实到具体的内容规定上，但是他依然承认抽象的纯粹自我之存在。

除了纯粹自我，詹姆斯所谓的物质自我、社会自我、精神自我都是可以再进行细化的，也就是说，何谓物质自我、社会自我、精神自我，这些东西都可以进一步深究。随着心理学的发展，人们对自我概念的认知越来越具体、越来越细化，对自我概念在物质层面、社会层面、精神层面不断细化。为了考察和量化自我概念，美国心理学家费茨发明了“田纳西自我概念量表”，并用它来测试人们的自我概念量[2]。该量表共有100个自我描述的句子，其中90句描述自我概念，另外10句描述道德伦理自我（ME）、个人自我（PER）、家庭自我（FA）、社会自我（SO）以及总体自我。心理

1 威廉·詹姆斯：《詹姆斯集》，万俊人、陈亚军编选，上海：上海远东出版社，1997年11月。

2 田纳西自我概念量表（Tennessee Self-Concept Scale，TSCS）由美国心理学家费茨（W.H.Fitts）于1965年编制，1988年进行了修订。该量表基于自我概念的多维观点而编制，主要依据的是临床经验。它有两种格式，一种供咨询及辅导用，一种供临床治疗及研究用，两种格式题目完全相同，都是在5点量表上作答，只是记分方式不大一样，适用于12岁及12岁以上被试。量表包含自我概念的两个维度：结构维度、内容维度。结构维度：包括1.自我认同：受试者对自我现状的描述；2.自我满意：对自我现状的满意程度；3.自我行为：受试者在接纳自我或拒绝自我后，实际所采取的应对行动，或外在行为。内容维度：包括1.身体自我：即受试者对其身体健康状态、外貌、技能和性方面的感觉；2.道德伦理自我：即受试者对其道德价值、宗教信仰、好坏人等的看法；3.个人自我：对自己个人价值及能力的评价；4.家庭自我：对自己作为家庭成员一分子的价值及胜任感的看法；5.社会自我：自己在与他人关系中的价值及胜任感。

学家通过受访对象关于量表设置的问题的答案，试图量化考察、探究个人对自身健康状态、道德价值、宗教信仰、家庭角色、社会现象等的认知，这些认知最终汇集成了人们关于自我概念的总体认识。

自我概念，在心理学家看来，并不是一个玄虚的概念，而是由具体的认知（比如对自我的身体状况、家庭关系、道德品质的评价等）构成的一个关于自我的总体认识。因此，人们极有可能把一切与自我相关的事物都归属于自我概念的内容，比如我的身体、我的家人、我的名声、我的记忆……诸如此类的认知都被算作自我概念的范围。如此一来，自我概念的内容就几乎无所不包、无所不在了，这对于人们认识自我造成了极大的困扰，如果什么都是自我概念的内容，那么自我概念就失去了边界。我们不能把所有事物都纳入到自我概念的范畴，必须清楚哪些内容应当被人们纳入自我概念的范畴。这一点在死亡面前尤为明显：当人们意识到死亡即将来临或者死亡必定来临，此时，什么是自我最不愿意放弃的，什么是自我中无足轻重的，这一分判就把自我概念的内容进行了适当的清理。在死亡面前，人们盘点何者属于自我的时候，想必其看法会与之前的认知有所不同。

当死亡来临时，或者当人们意识到死亡必定到来时（也许是在人们尚且健康的时候、年轻的时候），受到冲击最大的或许是关于自我的概念了。当意识到在死亡面前自己苦苦追求、努力奋斗而争取来的事物都会随着死亡的到来而不再属于我们时，此时人们会产生强烈的幻灭感。正如曹雪芹《红楼梦》中跛足道人《好了歌》所唱的：

世人都晓神仙好，惟有功名忘不了！古今将相在何方？荒冢一堆草没了。世人都晓神仙好，只有金银忘不了！终朝只恨聚无多，及到多时眼闭了。世人都晓神仙好，只有姣妻忘不了！君生日日说恩情，君死又随人去了。世人都晓神仙好，只有儿孙忘不了！痴心父母古来多，孝顺儿孙谁见了？

《好了歌》的背后，实际上是人们面对死亡时一种最常见的感受，“乱哄哄你方唱罢我登场，反认他乡是故乡。甚荒唐，到头来都是为他人作嫁衣裳”[1]，对于一生汲汲于功名、财富、权力等世俗成功与幸福的人来说，死亡却是要把这些东西从人们手中强行夺走。因此，詹姆斯所说的物质自我、社会自我、精神自我这三类具体的自我概念内容，当死亡来临时，它们会首先瓦解，即遭遇肉身死亡、社会死亡、心理死亡三个层面的死亡。也就是说，无论人们把什么当成是自我概念的内容，在死亡面前，物质自我（肉身）、

1 “陋室空堂，当年笏满床。衰草枯杨，曾为歌舞场。蛛丝儿结满雕梁，绿纱今又糊在蓬窗上。说什么脂正浓、粉正香，如何两鬓又成霜？昨日黄土陇头送白骨，今宵红灯帐底卧鸳鸯。金满箱，银满箱，转眼乞丐人皆谤。正叹他人命不长，那知自己归来丧！训有方，保不定日后作强梁。择膏粱，谁承望流落在烟花巷！因嫌纱帽小，致使锁枷杠；昨怜破袄寒，今嫌紫蟒长：乱哄哄你方唱罢我登场，反认他乡是故乡。甚荒唐，到头来都是为他人作嫁衣裳！”曹雪芹：《红楼梦》，北京：人民文学出版社，2008 年，第 17—18 页。

《永生之法》

《永生之法》是导演古斯塔沃·罗恩执导的，罗比·凯、亚历克斯·伊特尔等演出的电影，于2010年10月在西班牙上映。影片记录了两个身患绝症的孩子面对死亡的困惑和思考，电影将最严肃和沉重的话题交给孩子，两个身患白血病的男孩在他们最后的时光中享受生命，上演了一出出动人的生命故事。孩子或许是上帝派来的信使，通过他们透亮的眼神和纯净的心灵，让人们重新理解生命，包括艰难和沉重，也包括甜美和丰盈。

社会自我（伦理、经济关系）、精神自我（心理）都只能成为人们要舍弃的自我概念内容。然而，何者是自我概念中不可放弃的内容？或许只有经过死亡的炼试后最终留下的、真实的、重要的内容，才是帮助人们度过死亡危机最重要的精神支柱。

自我的类型

自我概念的分类可以从不同角度来看，但是无论人们如何分类，自我始终可能存在两种类型：一种是作为认知主体的自我；一种是作为认知对象的自我（客体）。简言之，“我”来认识事物，这是主动的，这个自我就是认知主体；“我”被认识，作为客观对象，比如我的身高、体重、社会关系等，这些就是作为认知对象的自我。自我无论何时都存在这两种基本类型，自我认识自我，前者为主语、后者为宾语，各自承担不同的角色。在詹姆斯的四种自我分类中，“物质自我、社会自我、精神自我”是人们认识的结果，是认知对象；而纯粹自我则是那灵动的认知主体，是认识的出发点。因此，我们从认知主体出发，可以不断地把物质的、社会的、精神的内容归入自我概念的范围，比如我的身体、我的社会关系、我的能力、我的世界等，但凡认知主体打量事物之处，事物就有可能变成自我概念的具体内容。人类从出生之日起，就在不断地通过认知主体把外部世界以及身心内容纳入到自我概念之中，作为主格的自我和作为宾格的自我一直在不断相互作用，从而产生明确的自我意识。

如果把这两种不同的自我分别叫做自我意识和意识自我，那么，自我意识就是指人作为认识主体对自我的存在、活动、意向和价值等的认识，而意识自我则是由自我意识在认知过程中形成的关于人的自我概念的具体内容，比如我的父母是谁、我的身高是多少，我是哪里人等。在这两种不同的自我概念中，意识自我，也就是人们关于自我概念的具体内容，又可以根据人们关注的重点不同而分为“以身体为中心的自我意识、以社会关系为中心的自我意识、以心理现象为中心的自我意识”。换言之，人们对什么东西打量最久、最为关注，就体现出特定的自我概念类型。当人们侧重关注自己的身体，比如寿命长短、身高体重、外貌长相等物理特性时，这就是典型的身体型自我概念，即身体型自我意识；当人们侧重关注自己的公民角色、社会地位、财富占有等人类社会有价值的东西时，这就是典型的社会型自我概念，即社会型自我意识；当人们侧重关注自己的心理状态、个人能力、意志激情时，这就是典型的心理型自我概念，即心理型自我意识。自我概念包括人的身体、心理、社会等不同内容，我们虽然不能在人们的自我认识中把某一部分内容分离出去，但是，不同人的自我概念其侧重点不同是很正常的。因此，我们从意识自我这个角度区分出不同的自我概念类型是有必要的。通常情况下，人们在生前对自我概念中哪个部分的内容最为重视，往往在临终时亦是如此，因而，人们超越死亡的精神资源也可以在其中寻找。更进一步说，前文提到人类追求不朽的模式，其中，入世不朽追求的诸种类型大多是与这三种自我概念的类型相关。更确切地说，人们以何种方式来追求不朽，实际上就是依托特定的自我概念类型。

入世不朽的追求离不开人们日常生活中的具体事物，然而这些具体事物在出世不朽的追求中往往不一定有用。因为把什么东西作为自我概念的内容并不是必然的，人们把什么东西当成是自我的核心内容也是因人而异的。不过，无论人们如何区分和判别何者是自我概念的内容，那个作为评判者的自我却总是无法被剔除出去的。因此，作为自我意识层面的自我概念总是显得超脱和纯粹一些，当然也更难以理解一些。当人们把这个层面的自我概念纳入到出世不朽型追求时，它就成了永恒不变的实体。因此，身体型自我、社会型自我、心理型自我，这些自我概念对应的内容总是能够设想其死亡（肉身死亡、社会死亡、心理死亡），它们总有消解的时候；可是，作为自我意识层面的自我概念则完全不同，活着的人几乎难以想象它会死亡。自我是否死亡，并不完全是个客观的判断，它还与人们对自我概念的内容之认同有关。

自我的认同

自我的认同看起来对人类并不是什么问题，似乎人类生来就很贪恋自我，并不需要特别强调什么认同，比如一个小孩，他会不自觉地把外在世界当成是他的一部分，小孩子的自我似乎不需要经过认同。不过，人群中还有一类人情况比较特殊，这类人从来不认同自己，他们认为自己存在各种各样的缺陷和问题，因而想方设法要变成他人的模样（比如整容）、模仿他人的样子（比如模仿偶像的言行），这类人在心底里从来不曾真正接受自己，更不用说认同自己了。当一个人认为自己一无是处，或者从心底就不认同自己时，这将是人生悲剧的开始……

无论自觉或者不自觉，人类有一个自我总是一件好事，即便有的学者不主张自我、不喜欢自我这个概念。即便人们不认同自我，他们仍然有个自我概念存于其心。自我概念不是任意出现的，它是一个人在成长过程中自发形成的，既没有高下之别，也不是人们随意能否定的。也就是说，在人的一生中，人们会对自己的身体状况、心理状态、能力大小、社会关系等形成一系列的认知和看法，这些看法自然就构成了人们关于自我概念的内容。无论我们承认与否，在我们关于自己的认知中，总有一些内容被认为是令自己满意的，而有一些内容则是不太合自己心意的，然而，满意也好、不满意也好，这些内容终究会成为我们自我概念的一部分。因此，在正常情况下，人们既没有办法拒绝自我这个概念，又没有必要不认同自我。

认同或不认同自我，这是个人自觉选择的结果，当人们自觉地把自我概念中满意的部分保留下来，把不满意的部分舍弃并用其他东西替代，这个过程就是自我完善的过程，也就是人们常说的自我修养提升的过程。不过，此处我们说的自我认同还不是这样简单，它需要经历更为严峻的考验，即经过死亡的拷问。即在死亡面前，我们曾经形成的自我概念是否仍然有效，是否仍会坚持？也就是说，人们在临终时，或者在健康时的死亡准备中，面对这样一个问题时会作何回答：当死亡到来时，我认为什么东西依然是重要的、不能舍弃的？当一个人这样被死亡逼问时所做出的回答就是一个人自我概念的核心内容，或者说是他真正的自我，而寻找这个内容的过程就是帮助人们超越死亡的过程。因此，我们所说的自我认同，实际上是指人们面对死亡时所认同的自我概念内容。换言之，人们的自我概念可以有许多内容，大多数时候，我们认为这些内容都是自我的一部分，无法舍弃。可是，当我们一旦面对死亡，或者认识到死亡必定到来时，会重新认识和调整自我概念的内容。简言之，一个人随着年龄的增长，接触的东西越来越多，认识到的世界越来越大，相应的，人们把这些东西都纳入到其自我的世界中是再正常不过的事情了，在这个过程中，人们的自我概念不断增大和丰富。可是，当人们面对死亡时，似乎一切都开始倒计时。也就是说，人们日后碰到的东西将越来越少，而更重要的是：人们发现曾经积累起来的东西，自我概念中囊括的东西对自己而言却越来越不堪重负，比如，有人得了绝症，意识到命不久矣，于是不惜重金买命、续命，甚至认为从前非常重要的身外之物诸如钱财、名利等，此时却已不如身体重要了。在日常生活中，不少人年轻时拼命工作挣钱，等用身体换来了足够多的钱财时，钱财已经不足以续命了。面对死亡时，许多人都会有一个自我概念的转换和调整过程，人们不自觉地进入到一个减负和做减法的过程：比如从前认为非常重要的、不可舍弃的东西，现在却变得无足轻重；从前认为不重要或者无足轻重的东西，现在变得不可舍弃；从前认为需要不断积累和增加的东西，现在开始对之不断减少关切，甚至直接舍弃。因此，这里自然而然就有一个自我认同的转换过程，许多人甚至会不自觉地转变成身体型自我概念，而社会型自我概念和心理型自我概念往往会受到巨大冲击。不过，这也不是必然的结果，并不是所有人都会转向身体型自我概念，许多人在临终时依然会坚持认为他们的社会关系（子女的幸福）、精神状态（不畏惧死亡）非常重要。无论人们在死亡面前是否发生自我概念的转换，经过死亡的捶打，人们必定有一个自我认同的提升过程，即要么认同原来的自我概念，要么重新调整自我概念的内容，而新的自我概念将是人们面对死亡时最重要的精神支柱，将是人们最后的自我、真正的自我。

自我死亡加减法

假设某人要死了，或者确实进入了临终状态，我们可以通过对他的自我进行提问，从自我概念层面为临终陪护工作以及帮助他寻找克服死亡恐惧的方法提供线索。

1. 如果我要死了，我最想见的人是谁？
2. 如果我要死了，我最想完成的事情是什么？
3. 如果我要死了，我最牵挂的东西是什么？
4. 如果我要死了，我最不能舍弃的东西是什么？
5. 如果我要死了，我最想留下的遗言是什么？
6. 如果我要死了，我最需要的东西是什么？
7. 如果我要死了，我最不喜欢的东西是什么？
8. 如果我要死了，我最不想见的是什么人？
9. 如果我要死了，我最不想做的事情是什么？
10. 如果我要死了，我最不需要什么？

自我的超越

一个人的自我概念会伴随自我认同的变化而改变，人们在经历死亡锤炼时，最容易发生的事情就是自我概念的改变。也就是说，当一个人明确地意识到要失去生命时，他的自我概念中最核心关切的内容可能会发生变化，当然，有的人也不一定会发生改变。不过，无论人的自我概念是否发生改变，人们只要在死亡面前坚定不移地认为他们自我关切中的某个内容依然是最为重要的、最不能舍弃的、最牵挂的，那么，这个内容就是人们自我认同的终极内容。换句话说，临终前人们依然坚持认为某些东西十分重要，甚至比自己的生命更重要，那么，这部分内容自然就成了人们超越死亡的直接依据。虽然人们坚持认为重要的东西各不相同，但是，只要人们真心认为有些东西哪怕死也要坚守，那么，这些东西就足以帮助他们超越死亡，克服死亡恐惧。

在人类追求不朽的模式中我们看到：但凡属于入世不朽的追求模式，人们想要借助的东西或者说帮助人们实现不朽的东西实际上并不是不朽的，人的肉身、名利、财富、权势、血缘宗族等这些世间之物本就是有朽的。然而，人们却试图借助它们来实现自己不朽的追求。这其中的矛盾之处在于：有朽的东西如何可能帮助人们实现其不朽呢？如果不朽的东西必定是不变的、永恒存在的，那么，世间所有事物皆是可朽的，人们追求入世不朽就是不可能的。可是，我们还要看到另外一个问题：人类追求不朽，其根本目的或许不是希望自己一成不变、永恒存在，而是希望自己能够超出死亡规定的生命长度和生存限度。也就是说，死亡要来，其实并无大碍，只要在死亡发生后，仍然有一些与自己相关的东西可以持续留存下去，或者哪怕并没有实际上留存下去，只要人们认为可以留存下去，或许就达到超越死亡的目的了。人类追求不朽，这不是个事实性判断，也不需要通过结果来确证其正确性，它是人的一个希望，一个超越死亡的希望。人希望可以延续自己的生命、精神或其他遗产。因此，面临死亡威胁的人的各种不同需要常常会被最大限度地宽容、满足，甚至在人死之后，他生前的有些厚望还会变现成一些随葬品或者告别礼物。

人们在世时关切的各种事物都有可能成为人们最后超越死亡的依据，因为这些东西不光是一些具体物件，它们还是与人的自我有着实质性关联、有着意义的属于我的个人世界的一部分。因此，我们在陪伴临终者或者在与有死亡危机的人打交道时，切记不要对他们的自我概念内容进行评判或批判，因为这些内容是人们超越死亡的依据，也是人们最基本的生死信念，一旦它们被触动或质疑，引来的将会是愤怒或激烈的反抗，或者彼此之间关系的疏远。不仅如此，如果意在帮助人们超越死亡问题，那么，除了倾听之外，还要帮助他们梳理出自我概念的核心内容，帮助他们寻找和意识到在死亡面前他们最为关切的东西是什么。

对不朽的追求和自我概念的核心关切是人所共有的，不过，不同的人关切的对象和追求不朽的方式却相差甚远。身体型自我概念、心理型自我概念、社会型自我概念都可以让人们在死亡面前找到他们认为必须坚守的东西。比如说，有的人临死前坚持要把自己打扮得漂漂亮亮的，有的人死前还要寻找一处舒心或熟悉的临终环境，有的人哪怕是死也要护住自己的孩子，等等。人们之所以会这样做，与他们的自我概念与不朽追求的模式有极其重要的关系，只要人选择了一种特定的方式，就可以在其中找到超越死亡的信念、行为习惯、生活方式等。因此，这些不同的方式都应该得到人们的尊重和理解，没有必要因此对之攻讦甚至责难。不过，由于不同的人对于生死信念的深度要求不同，在自我超越的过程中接受的东西截然不同。

人类的自我超越实际上就是不断更换自我概念的内容甚至调整核心内容的过程。我们可以看到：在人们的自我概念中，有的人关注世间之物，有的人向往世外之物；有人关注意识的内容，比如关于身体的意识、关于心理的意识、关于社会的意识，也有人只关心物质层面的东西；有关注认识对象作为自我概念的人，有关注认知主体作为自我概念的人，因此，强调人们生死信念的来源时，我们必须清醒地认识到一点：作为认知主体的自我是每个人都无法逃离的，我们甚至很难想象它的死亡，更不能轻易否认它的存在和价值。换言之，人类在不断往上寻求超越死亡的自我概念时，永远都有一个可以让自己心安和停留的地方：那就是人类的纯粹自我、纯粹心灵，即自我意识，它是一切认知和价值的出发点。在出世不朽的模式中，人们把纯粹自我叫做灵魂或者别的什么名字，甚至有人认为它是永恒存在的，人们称颂它，神化它，都是出于对它特殊地位的尊崇：它本身就是人们超越死亡的一个终极支撑，可以给那些无法满足于入世不朽的人们以信心、力量和希望。因此，人们只要能够理解和体验到这样一个自我的存在，精神和终极信仰就有了安顿。人可以依靠自身的力量安顿自己的生死，而不一定需要假借外物。

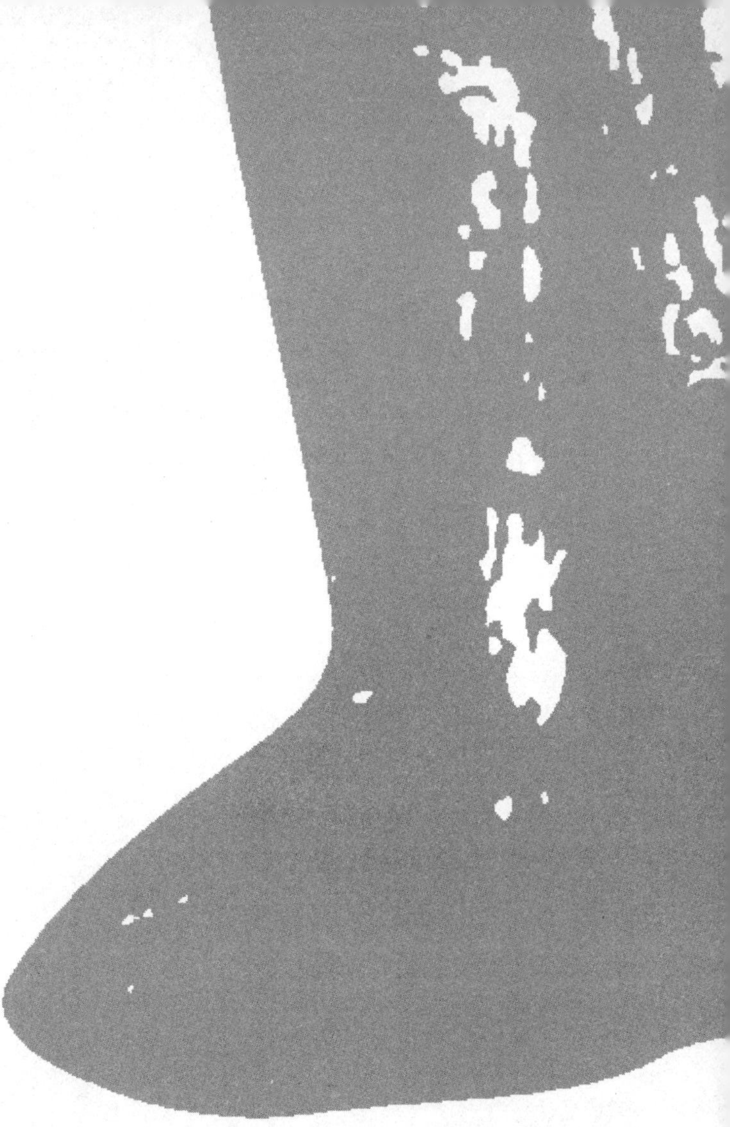

第五章

纯粹自我的回归

大学之道，在明明德，在新民，在止于至善。知止而后有定，定而后能静，静而后能安，安而后能虑，虑而后能得。物有本末，事有终始，知所先后，则近道矣。

——《大学》

人类面对死亡的过程就是自我超越的过程。所谓自我超越的过程，实则是人们选择用不同信念去安顿和化解死亡危机，解决面对死亡时的恐惧、忧伤、愤怒等各种情绪问题，建立和重塑生命意义的过程。由于不同的人自我概念的内容各不相同，因此，人们最后会选择用什么去支撑自己面对死亡也不相同。但是，无论人们最后发现是什么支撑自己坦然走向死亡，总是需要不断地回到那个给予自己力量和希望的地方，在那里安顿自己的心灵，走向最后的归宿。如果说人的自我概念内容之转换就是人超越死亡的过程，那么，人们关于自我存在的坚定不移的信念就是人们最可安顿自己生死的地方。换句话说，人在此处找到了某种可靠的东西，并可以停留于其上安歇。

在人的自我超越过程中无法绕过去的就是人的纯粹自我。人的纯粹自我虽然不是每个人都能意识到的，却是每个人都无法轻易否定的。人类在超越死亡这件事情上，无论采取何种形式，最终都可以归入纯粹自我的发现和回归过程。当一个人真正发现了自己的纯粹自我之存在及其价值，并不断回归其中，那么，死亡就不再是问题，超越死亡就是可能的。

《第七封印》是由英格玛·伯格曼执导，马克斯·冯·西多、本特·埃切罗特主演的电影，于 1957 年 2 月 16 日在瑞典上映，讲述了自东征“圣战”返回的骑士布洛克与他的同伴们在瘟疫肆虐的欧洲大陆上的经历。布洛克拖着疲惫不堪的身子，内心充满了需要时间才能解开的疑问：生命的意义何在，死的本质又是什么。途中他遇到了黑衣死神，决定和死神赌一盘棋，如果他输了就让死神带走自己。棋局断断续续地下着，骑士也继续着自己的旅程，途中的所见所闻让他渐渐明白，拯救人们的不是上天的神力，而是人类自身的爱和希望。然而此时死神却追上了布洛克，要求把未下完的棋下完，布洛克最终输掉了棋局。第二天，流浪者似乎看见死神把布洛克一行带走，拖进了一个“骷髅舞”的圆阵中。

这是一部名副其实的哲学电影，人生存的意义、信仰的价值、上帝与自我的关系、死亡的真相……这些关乎终极命题的内容在两小时内被富有逻辑地展现并给出通往答案的提示。影片结尾，死神再次出现在众人面前，所有人共同直面了死亡。可以说，死亡是结局，是终结，是人类的尽头；但是人类仍然可以憧憬希望、展望未来。

第一节 纯粹自我的发现

身体型自我、心理型自我、社会型自我，在这些自我概念类型中，核心内容是关于具体事物的，但这些具体内容却不是纯粹自我关注的对象。正因为纯粹自我关注的不是具体事物，因此，人们要发现纯粹自我并不是一件容易的事情。人们可以清楚地认识到“我”的身体、“我”的房子、“我”的个人能力、“我”的父母、我的家乡等属于自我概念的具体内容，然而，无论人们如何在这些东西上用心、用力，如何努力满足自我，却始终难以发现纯粹自我之存在。因为这样看问题时，人们会不断地把外部世界纳入到自我概念之下，因此始终会被一股强大的力量往外拖拉，并不断地向外面的世界去打量和寻求。这样一来，即便人们天天与纯粹自我在一起，时时受到纯粹自我的影响，仍然无法寻得那近在咫尺的纯粹自我。纯粹自我的发现，对于许多人来说是个巨大的问题，而在哲学家的沉思、宗教徒的冥想中，这却是一个常识性的问题。

我思

法国著名哲学家笛卡尔有句名言“我思故我在”，笛卡尔认为“我思”是他不能怀疑的东西。在笛卡尔看来，这世上所有东西都有可能是假的，都是可以怀疑的，但是唯一可以确定的事就是：当我在怀疑其他事物时，我无法怀疑正在怀疑的“我思”，因而无法否认自我的存在。笛卡尔说：

> 我愿意假定，一切真理的源泉不是仁慈的上帝，而是一个同样狡猾、同样有法力的恶魔，施尽全身的解数，要将我引上歧途。我愿假定，天空、空气、土地、形状、色彩、声音和一切外在事物都不过是那欺人的梦境的呈现，而那个恶魔就是要利用这些来换取我的轻信。我要这样来观察自己：好像我既没有双手，也没有双眼，也没有肉体，也没有血液，也没有一切的器官，而仅仅是糊涂地相信这些的存在。[1]

在笛卡尔深重的怀疑论中，人可以想象所有东西都是虚幻的、带有欺骗性的，甚至像庄周梦蝶一般，怀疑整个世界就在一个大梦中，神是假的，外在世界是假的，我的身体也是假的……我可以想象这些东西都是不存在的……然而，无论如何，人们没有办法怀疑那

1　笛卡尔：《谈谈方法》，北京：商务印书馆，2000年。

正在起疑心、发疑问的自我之存在，因为在人们的直觉和逻辑中他必定是存在的，是确切无疑的。简言之，我们无法怀疑那正在怀疑的心灵或说自我是存在的。怀疑或者思考，这是人心中的活动，人只要起心动念，心灵中有了活动，便可以从直觉中、逻辑中确认有一个纯粹活动着的东西存在，这个东西我们把它叫做纯粹自我。按照笛卡尔的理解，只要人的认知活动或说人的思考过程存在，那么，人心中的那个纯粹自我就可以被人们确认、确信和理解。也就是说，每个人，无论是何种情况，只要他在思考，或者更宽泛地说，心中还有自觉的精神活动，那么，就可以发现纯粹自我的存在。思考活动是帮助人们认识纯粹自我的途径之一。

认知能力是人类的基本特性之一，著名哲学家亚里士多德对于哲学起源有过一个经典看法：哲学起源于惊奇。他在《形而上学》开篇的第一句话就指出："所有人依据本性都渴望认识"，也就是说，人类渴望认知的本性必定推动人们去思考、去认知外在世界和我们自身。人们对于外部世界的认知和探索总是离不开认知主体（即自我），人们对人类心理、生理的认知亦离不开认知主体（即自我），每一次思考背后总有某个主体存在，总有某个主体的纯粹自我在起作用。回顾人类思考的过程，人们总是可以确定地知道一件事情：那个思考的自我，那个活动着的纯粹自我，总是陪伴在人们左右。人总是可以通过思考而反思到纯粹自我的存在，从而发现那个“熟悉的陌生人”：他从来没有离开过我们。人从出生，到长大成人，再到离开人世，无论是否意识到，纯粹自我总是与我们在一起。只要人有了思维，有了精神活动，有了情绪、感受等属于人类的基本特性，就可以反思到那个陪伴在我们身边的纯粹自我。我们可以想象它是如何慢慢进入到人们有意识的思维之中的，并且在人们离开人世的时候它的去向也可能受到怀疑。无论一个人是何时意识到纯粹自我的存在，还是怀疑它在人死后的去向，人们无法确证的是：纯粹自我在人死之后必定会消失，而在人没有意识到它的时候就一定不存在。发现纯粹自我，对它持有信念，可以帮助人们超越生死。

我在

> 死是人之最本己的，无所关联的，确知而不确定，超不过的可能性。
>
> ——海德格尔

笛卡尔认为人可以通过思考来确认人的存在，确认自我的存在，这给人们认识纯粹自我提供了一个有力的途径。只要人类还在思考，还要通过认知能力来把握世界，那么，人们就可以通过“我思”来反观我的存在。可是，何谓我的存在呢？是不是因为我有形体、有可以触及的外部世界、有思想，这表示我存在了？对于笛卡尔来说，大致是可以这样理解的，只是，他更强调纯粹自我的存在。所谓纯粹自我的存在就是指我能确认有一个自我存在，简言之，即能够确认“我就是我”。这里强调的是：前一个我与后一个我是相同的我。有时候，人们感到困惑的是：我就是我，这有什么可说的呢？难道我还不是我了？其实，这个问题远比我们想象的要复杂，我可以把“我是……”进行扩充，比如：我是一个人，我是一个男人，我是一个中国男人，我是一个中国的中年男人，在这些修饰词没有加上时，“我是什么”其实并不清楚，只有在我们把“我是什么”进行完型后，才开始对“我是什么”有所认识。换言之，当我们说“我是我”时，我们只是把“我”作为同一个东西进行了重复描述，我只能确认“我”是有的，此时，我们可以观照到的是：“我”是纯粹的，没有规定的，暂时还不是什么别的东西。可是，一旦我们把纯粹自我加以扩充，变成“我是……”，就把许多具体的内容放进去了，比如：我是在思考的人，我是活着的人，我是有理想的人，我是完成工作任务的人，我是学哲学的人，等等。“我可以是什么”其实是未知的，充满各种可能性。也就是说，人除了思考，还有其他可能性，而这种可能性，就是自我可以实现的内容。

人活着，就有各种可能性，人可以追求各种各样的生活，实现不同的目标，做自己想做的事情，这背后其实就是纯粹自我在

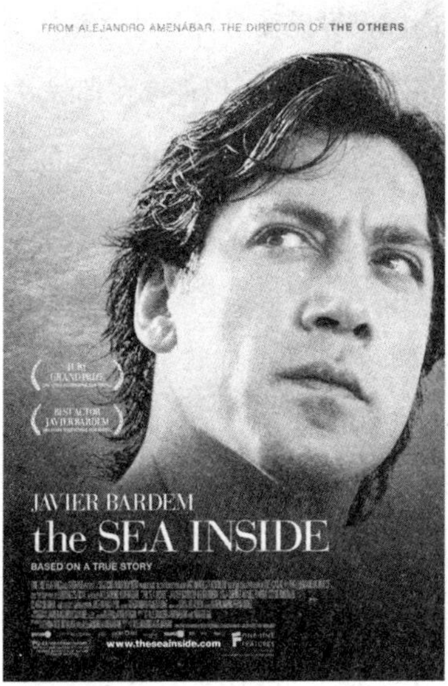

《深海长眠》是由西班牙、法国、意大利联合摄制的影片，由亚历杭德罗·阿梅纳瓦尔执导，哈维尔·巴登、劳拉·杜纳丝、阿尔伯托·阿玛利拉、贝伦·鲁艾达、玛贝尔·里维拉等主演，于2004年9月3日在西班牙上映。该片根据雷蒙·桑佩德罗的真实故事改编，讲述了瘫痪在床数十年的他为争取结束自己生命的庄严权利而斗争几十年的故事。人到底有没有结束自己生命的权利？没有品质的人生是否可以放弃？随着老龄化社会的到来，安乐死，这个残酷的话题将会越来越多地被提起。

实现自己的过程。我是什么，我可以成为什么，我能够走向何方，这都是由人的自我进行规定的，我的存在就是由我可能成为的状态和可以成为的状态展现出来的。一个人的存在，可以理解成就是现成的事物和周围世界以及自身条件之总括，即人们现有的东西就是存在的。然而，人们还可以把存在理解成人的各种可能性，或者说有待完成的东西。人并不是一个定型的东西，也不是一个僵死的物件，而是一个可以丰富多彩的存在者。人终其一生，总是有着各种可能性的，他可以选择成为什么样的人，选择走向何方，通常人们所说的人的能动性就是如此。从人的能动性来看，从人可以成为他想成为的人来看，这种潜在的能力和实现自我的愿望清楚地告诉我们：有一个充满无限可能的自我潜藏在人的心底，我们可以是什么，我们可以成为什么，这是由那个潜在的自我推动的。这个潜藏的、充满生机和无限可能的自我就是人的纯粹自我。也就是说，人们可以从人的无限可能性和自我实现中反思到一个潜在的纯粹自我。纯粹自我告诉人们可以成为自己想要的样子，也可以规定自己未来的生活。人的生活是由自己主导的。我是什么，我要成为什么样的人，可以让人们反思到能动的纯粹自我之存在；同时，纯粹自我也可以由潜在走向现实，从抽象走向具体，并与现实世界联系起来，比如说，我是一个守法的人，我是一个守时的人，我是一个乐于助人的人，等等，诸如此类的描述，其实每一个具体的规定都是对自我的认知，它是指引人们去做事情的依据和向导，并告诉人们如何成为纯粹自我所规定的人。现实生活中，人们的言行举止、生活习惯、自觉目的等都是自我实现的途径，而人的每一个动作、每句话、每个想法都是纯粹自我实现的过程。

我希望

成为你自己，你现在所做、所想、所追求的一切，都不是你自己。

——尼采

人的各种可能性之实现，或者说人可以成为他想要成为的人，这让人们意识到纯粹自我之存在。然而，人生在世，我们除了看到人的可能性实现之外，更多地还会看到：许多人并没有成为自己想要成为的样子，或者说许多人并没有表现出太多可能性，千篇一律的样子竟然是大多数人日常生活的常态，甚至有时人们连微笑、愤怒都是使用同样的模式，没有生机、没有活力。不少人或许只是为自己构建了一个与自己的职业、地位、角色相符合的刻板形象，而没有表现出纯粹自我该有的样子。这种现象的确让人们对“我是什么，可以任由自我书写”这种看法产生了疑问，甚至有人完全否定人的能动性之存在。但是，现实中的人是什么样子，或者说人们在现实生活中展现出来的样子如何，并不能让人们否认潜力和生机无限的纯粹自我之存在。因为人们看到的只是暂时、现在的样子，还没有看到未来的、生成中的样子，我们永远无法否认纯粹自我可以成为别的样子，而非一定会成为某个样子。人们没有成为他们想要成为的样子，这其中的原因或许在于：现实生活中诸多限制条件有时是人们难以超越的，有的甚至是人永远无法超越的，所以我们认为，即使人们没有成为他们想要的样子，也不能由此否认他们曾经努力让自己成为想要的样子。人们应该成为的样子总是趋向完美的模式，现实中的人只能努力靠近它，却永远无法完全达到它。因此，人可以向往一种完善、完美的存在，希望自己成为尽善尽美的样子，甚至希望自己超越世间所有现实的规定，直至不朽。

从人们心底升腾起来的那种超越世间现实规定的冲动和努力，在人类的文学艺术、民间传说、宗教信仰中表达得非常充分，人们所向往的美好世界，比如桃花源，人们所追求的理想境界，比如神圣人格等，都是世间所罕见，甚至终身难以企及，然而，这并不阻碍人们向往追求它们。人心中潜藏希望是十分正常的事情，排除一些非常具体的事物和目标，人们所希望的东西大多都是难以实现的，但希望本身对于 人类而言极其重要，甚至成为有的教派的核心教义，比如基督教认为希望是人生得救的契机。也就是说，人类应该抱有希望，每个人都可以拥抱朝向未来的希望，希望是每个人发现纯粹自我的途径。

著名心理学家弗兰克认为希望对于人来说是非常有意义的，他用自己所亲历的犹太集中营的悲惨遭遇说明了这个问题：在被投入集中营的人们中，那些对未来不抱有希望的人，通常会认为他们当时的生存是没有意义的，他们经历的苦难是无边无际的，因此，许多人忍受不了集中营的艰难环境，或者死去，或者身体很快就垮了；但是，那些相信未来可以获救的人，或者认为仍然有值得期待的事情的人，认为未来可以走出集中营的人，他们的整个精神状态截然不同，他们即便是跟其他人经历了同样的糟糕处境，可是，他们当中不少人成功地坚持到了最后，直到被救出；他们的精神状况、身体状况也要比其他人（不抱希望的人）健康许多。所以，弗兰克总结道：希望对于人来说非常重要、非常有意义，而有希望、有意义的生活正是人们坚持活下去的理由。

在死亡面前，许多人觉得没有希望，因此，被死亡吓死或者被没有希望的信念杀死的人不计其数。没有希望就没有意义，没有意义的生活使得许多人面对死亡不攻自破、不战自败。然而，死亡是否一定会让人失去希望？显然，历史上有太多例子表明并非如此。面对死亡，人还是可以怀抱希望的。人们畅想关于未来的世界，关于人性的完善，关于生命的奇迹，关于不朽的追求……总之，这些想法不一定符合现实，但却是人们可以正当持有的信念，而这些信念背后正是人类纯粹自我的显现。换句话说，从现实角度看似乎是没有意义的东西，人们从古至今却对之孜孜以求，这就是潜藏在人类心底的一种超越需求，这种需要就是纯粹自我发出的。通过这种需求，通过人的希望，我们可以发现，原来纯粹自我在人最困难的时候、最无奈的时候，它给人以力量，帮助人们走过生命中最无助的旅程。

我的人格

我思考、我存在、我希望，人类这些最基本的特性和诉求无不在告诉我们：在人心当中有一个纯粹自我。也就是说，通过认知和思考，我们可以反思到一个正在思考的自我之存在；通过意欲成为我想要成为的人，成为我自己，看到一个充满各种可能性和无限潜力的自我；通过超越现实的诉求和希望，可以看到一个向往无限、不被现实决定的自我。无论从哪个角度来看，人们总会发现在人心当中有一个纯粹自我的存在，它不被现实决定，也不会一成不变；它不神秘，可以被人们确认和认识。

人们可以通过不同的途径认识到人类的纯粹自我之存在，此处需要说明的是：这样一个纯粹自我既可以思考，又可以存在，还可以充满希望。也就是说，人们从不同角度认识到的纯粹自我其实是同一个纯粹自我，它只是具有不同的功能而已。因此，纯粹自我并不是一个空洞无物的存在，而是充满希望和活力、能够思考的能动主体。一个既能够思考，又能不断生成变化，还对未来充满希望的纯粹自我，就是人类个体的内在人格。

一个人的人格似乎是不太容易被定义的，个体被认为具有人格，每个个体的人格需要被尊重，这在当今社会已经成为共识。在现代社会，法律设定公民的人格都是一样的，在法律面前人人平等，所有公民都被赋予了同样的权利，承担相同的义务；在伦理道德领域，每个正常人被设想为能够承担相应责任与义务的主体，这亦是个体人格被肯定的一种体现。也就是说，现代社会承认个体人格的存在，并让它成为现代社会最基本的构成要素之一，这是人类社会迄今为止对人格的基本认知，这个认知极大提升了人类的尊严。在现代社会中，每个个体已经成为社会最基本的组成单位，各自承担相应的权利和义务，因此，个体的尊严、权利、需要等都要得到社会最大程度的认可。每个人具有像神灵一样的位格，即人格，人必须有得到肯定和尊重的人格，这是人类社会发展到今天取得的文明成果，它理应得到重视和传承。

在当前人类认可的人格基础上，即法律人格、道德人格、宗教人格之上，我们还可以从纯粹自我的角度赋予人类以实体人格。所谓实体人格就是依赖纯粹自我而存在的人格。即无论是宗教人格，还是道德人格，抑或法律人格，都需要依赖一个实体存在，这个实体就是每个人的纯粹自我。实体人格不仅具有道德功能、宗教功能、法律功能，而且，它还是集思考、存有、希望于一身的位格。因此，我们可以说人格包含法律人格、道德人格、宗教人格、实体人格四个层面。实体层面的人格既是其他人格的承载者，又是其他人格实现自身的推动者。我们可以看到：无论是哪种情况，只要人还活着，他就具有人格。但是，人去世以后，他的其他人格或许就定格在了特定的历史时空中，但他的实体人格与纯粹自我一样，既无法断然指认其消失，也无法否认其存在。

人类历史上有无数先民逝去，但是，历史人物的人格却并没有因为他们生命的逝去而消失，恰恰相反，一些历史人物的人格时间越久远，反而展现出愈加迷人的力量，他们的人格对后世的影响实在难以估量。从这个意义上来看，人的死亡并没有剥夺人的人格，相反，死亡可能让个体的人格更加纯粹、更加凸显出其生前所没有的意义。朱熹说“天不生仲尼，万古如长夜”，在朱子看来，孔子的出世简直是件开天辟地的大事，他打开了人类文明的宝箱，把人类引入了光明的世纪、文明的世界。历史上关于孔子人格形象的故事很多，孔子的形象通过人们的记载和描述变得异常丰富，并且十分亲切，在这些记载和描述中，人们仿佛看到了两千多年前那个慈眉善目的老人，循循善诱地与人交谈……这些形象和故事虽然不一定都是真实的，但是，在历代的传承当中孔子人格所支撑起来的历史世界却是有意义的、鲜活的，它对后人是有教益的。因此，孔子的人格并没有随着他生命的逝去而消失。

我们可以想象：历史上所有逝去的人，他们的人格其实并没有随着他们生命的逝去而消失，只是由于知道其故事和生平的人不多，所以没有被传颂；然而，这并不妨碍人们的人格一直存在于历史时空中，甚至一直屹立于宇宙时空中。死亡并没有剥夺逝者的人格，每一个死去的人其人格仍然可以长久留存。因此，无论是谁，无论其是否已经逝去，每个人的人格都应该得到尊重。在现实生活中，不少人对历史人物或者逝去的先人不敬，对之进行人格侮辱或者攻击，这是极其糟糕的事情。逝者无法直接回应人们的侮辱和攻击，然而，这并不是某些人贬低历史人物以博取个人声名的理由，恰恰相反，不尊重历史人物的人格，妄图通过诋毁、攻击历史人物的方式来抬高自身价值或者实现个人偏私的目的，终究是不会成功的，终究会自取其辱。

如果个体的人格会一直在历史时空中留存，那么尊重每个人的人格首先就要承认逝者的人格与活人的人格具有同样的地位。人们既不能因为逝者离开了人世、无法与活着的人直接抗衡而贬低或侮辱他们的人格，又不能抬高历史人物的人格而贬低活人的人格。如果每个人的人格都同样重要，那么，维护每个人的人格尊严就是所有人的责任。历史人物也好，普通人也好，人都拥有同样的人格，如果能承认人格的存在，并且深信人格不会消失，那么，“我”的人格就是可以贯穿历史时空的存在。一旦肯定人格是如此这般，那么，形成人的人格背后的力量和推动者自然就得到了承认，这就是我们前面提到的纯粹自我之存在。也就是说，人们可以通过对历史人物或者普通人的人格存在和人格力量认识到某种人格特征形成的缘由，这就是那会思考、会存在、会怀抱希望的纯粹自我。人可以形成不同的人格特点，这是由于人的存在本身就有着多种可能性，人格特点会留下特定时代的痕迹，那是因为人们对世界的认识以及各种条件的限制必定让人格留下现实的印迹。无论如何，我思、我在、我希望，自我在不断生成变化，从而形成特定人格；反过来，人们追根溯源又可以发现：有一个纯粹自我，在思考，在不断生成、充满希望，在确立人格、建立意义世界；它不受死亡规定，自成一体。

第二节 纯粹自我回归之道

如果人类在寻找超越死亡之道的过程中发现人心当中有一个纯粹自我之存在，那么回归纯粹自我就是帮助人们克服死亡危机的重要途径。纯粹自我的回归，实际上就是人们在死亡面前找到了一个安心的场所、知足的地方、可以停歇的最终归宿。我们知道，有时候纯粹自我的发现本身并不容易，而要时时回归纯粹自我，从中找到克服死亡恐惧的力量，发现超越生死的意义，更不是件容易的事情。不过，人类的确发明了诸多回归纯粹自我的模式或道路，循着这些路径，人们多多少少能够从迷茫的现实中醒悟过来，从不断寻找的外部世界转向自己的内心，回到那充满生机、潜力无限的纯粹自我。

疑我与确信

或许从来没有一个时代像当今时代一样矛盾，人们对自我的张扬和自我怀疑同样的突出。这是社会的变化所导致的，传统社会瓦解使个体从传统家族或小集团中独立出来，成为社会的基本组成单位，个体人格受到了极大肯定；同时，个人离开了特定集团和族群的庇护，仿佛成了池中的浮萍，动荡不安，无处立身。挣脱束缚的同时，个体却难以寻觅到人生的归宿、生活的意义、终极的目标。著名作家陀思妥耶夫斯基一直为上帝存在的问题所困扰，他在小说《卡拉马佐夫兄弟》中通过主人公直接抛出自己的观点：没有上帝的世界，其实是一个“无所不可”的世界，简言之，“上帝死了，人做什么都是可以的”：

> 最后他断言，对于每一位既不信上帝，也不信自己能永生的个人来说，如我们现在便是，自然的道德法则必须马上一反过去的宗教法则；人的利己主义，哪怕是罪恶行为，不但应当允许甚至应当承认处在他的境地那是不可避免的、最合情合理的、简直无比高尚的解决办法。[1]

1 陀思妥耶夫斯基：《卡拉马佐夫兄弟》，荣如德译，上海：上海译文出版社，2015年，第84–85页。

《梁祝》是中国作曲家何占豪、陈钢以越剧《梁山伯与祝英台》的旋律为基础创作完成的小提琴协奏曲。作品取材自中国古代家喻户晓的民间爱情故事《梁山伯与祝英台》，以“草桥结拜”“英台抗婚”“坟前化蝶”为主要内容。当纯美的爱情遭遇凄美的死亡，死亡就具有了别样的意义，死后重生，坟前化蝶，感人至深。

人类进入现代社会以后，传统的生活方式被打破；尼采说“上帝死了”以后，神灵退场，人的信仰和价值领域出现了空前的危机。其中，个体价值的极大张扬与自我终极意义的破灭形成了巨大张力。在现代的城市生活中，每个个体被他工作的环境与生活的区域切割成不同的部分，人活着的意义问题成了现代人普遍的问题、危机。自我的身份和价值到底在哪里可以得到认定？我是什么？我能够确知和确定的是什么？这些问题总是把人带向同一个方向：不确定性。现代社会生活节奏越来越快，环境变化日新月异；知识爆炸，新的视野与认知不断打破人们原来的观念，改变人们的生活习惯，总之，一切都处在变动不居中。人们希望寻得一个确定的居所，或者获得一个确定的认知，这使得我们不断怀疑：到底何为自我？什么才是我的？我的价值和意义体现在哪里？当人们这样追问时，的确需要像笛卡尔一样，尽量去怀疑一切能够怀疑的东西，然后在不可怀疑的地方找到确定性。也就是说，怀疑并不是目的，怀疑只是为了寻求真实的东西、更确定的东西。人们通过怀疑不断地剥落掉那些表面上看起来十分坚固实际上已然腐朽的东西，是为了让自己站在一个更加牢靠的地方。因此，人们可以怀疑自我的价值、自我的意义甚至自我的存在，但是，人们无法否认一个怀疑的纯粹自我始终存在，只要人一思考，纯粹自我就显现出来了。通过反思，我们认识到有一个能思考的纯粹自我存在，它可以指

《死亡诗社》是由彼得·威尔执导，罗宾·威廉姆斯、伊桑·霍克、罗伯特·肖恩·莱纳德领衔主演的电影，讲述了一个有思想的老师和一群希望突破自我的学生之间的感人故事，该片于1989年6月2日在多伦多首映。影片揭示了诗歌、爱、生命和自由的内在关系。人的生命应该是热情的、高贵的，人应该学会热爱生命、崇尚自由。只有遵从自己的内心，追随爱和真相，不盲目跟风，面对陈腐的规则和禁锢的牢笼时有打破的勇气与坚持自我的毅力，才能毫不畏惧地尽情生活，并真正地直面死亡。

引我们思考、启发我们怀疑、指导我们寻求真正的价值和意义，但凡我们反思到这一点，就可以回到纯粹自我，或者大致可以直观到纯粹自我之存在。也就是说，人们通过认知活动，可以清楚地意识到纯粹自我的存在；当人们回到纯粹自我时，可以感受到何为意义、何者有价值，什么是自我真正追求的东西。简言之，对自我最初的怀疑，最终都可以化为对自我的确认和确信，并进一步分辨出自我当中的主次轻重以及各自的理由。

勿我与大我

> 子绝四：毋意、毋必、毋固、毋我
>
> ——《论语·子罕》

在一个张扬个性的年代，让人们不要固执己见，甚至不能太过自我，这本就显得不合时宜。上文提到，每个人都有纯粹自我，纯粹自我的存在和作用不言而喻，那么，此处我们所说的“勿我”到底是什么意思？是让人们不要承认和坚持纯粹自我？还是让人们扫清阻碍纯粹自我起作用的东西？显然，纯粹自我并不是人们需要清除的对象，因为无论何人、无论何时，当人们坚持“勿我”时，总需要有一个“自我”坚持这样做，而这个自我就是潜藏于人心中的纯粹自我。换句话说，离开了纯粹自我，人们根本没有办法坚持什么。因此，不要固执己见，不要自以为是，这里所说的“己”不是指纯粹自我，而是指人的一己之私。

通常，每个个体都是从自己的角度出发考虑问题、基于自己的利益关切做事情、从自己的目的出发有所行动，基于这样的立场，每个人都可能因为自己的原因而罔顾他人的立场、利益、目的等，甚至因为自己的利益而直接损害人类社会整体的利益和存续。如此一来，每个人形成的自我概念并不都是合理的，更不一定是公正的或有益的。在我们上面提到的几种自我概念类型中，无论是身体型的自我概念、心理型的自我概念，还是社会型的自我概念，我们都可能因为执着于人的身体、心理、社会等诸多因素，强行把这些因素变成自我概念的内容，从而与他人、社会发生矛盾和冲突。因此，人们可以形成各式各样的自我概念，也可以拥有各种自我概念的内容，不过，这些自我概念的内容却不是纯粹自我，而是需要通过纯粹自我进行规范和引导的。换言之，在人的自我概念的具体内容中，每个部分都可能是人的一己之私，人们虽然可以把这些内容当成是自我概念不可分割的一部分，但是无论如何不能自大到以为整个世界就是自己的全部私产，自己拥有的世界是不容他人置喙的。因此，我们认为自我概念需要一个合理的限度，这个限度就是：尊重和保护他人与你拥有同样自我概念的权利和自由。这个限度的反面就是用自己的自我概念去吞并他人的自我，或者只允许自己有漫无边际的自我概念，而不允许他人主张自我。但凡超出这个边界的，就是固执己见。如果我们每个人的自我都能得到保护，自我的合理界限都允许主张，那么保护和尊重所有人拥有同样的自我，这就不同于仅仅关注自我的利益、目的、想法之立场。前者是为了所有人的“自我”，而后者仅仅是为了个别人的自我。为了所有人的自我是为了成全大我，而仅仅关注个别人的自我则是为了成就小我。我们每个人都有一个小我，成就小我是人之常情，而成全大我则需要超出自我的一己之私。此时，我们不仅能站在自己的立场上考虑问题，也能站在别人的立场来看问题。当人们能站在他人的立场上来看问题时，人的自我概念就不会再局限于一己之私了，人可以通过理解和观察他人的自我概念，从而发现存在于每个人身上的自我。只有看到他人身上有着与我们相同的自我时，我们才可能真正懂得尊重普遍存在的自我概念。此时，人们可以反思：我们心中实际上有一个更高层次的自我，这个自我不仅能看到我们自己的自我、能尊重和满足我们自己的自我，还能看到其他人也有自我，并尊重他人的自我，尊重和维护他人与我们不一样的自我。当人们反思到这样一个自我存在时，我们就突破了小我的限制，开始了通往大我的康庄大道。

人们在生活中会发现一个问题：当人固执于一己之私，试图把所有东西都归入自己手中时，会发觉自己是孤单的、不安的、不满足的，并与他人处于紧张关系甚至敌对状态之中；生怕别人从自己手里拿走一些东西，甚至害怕他人谋害自己……这样的不安感，其实是由于人们完全忽视了他人的存在，而试图把全世界都纳入自己的概念中，并认为他人、他物都属于自己。这样的想法和做法在专制帝王或独裁者中十分常见，这种情况就是把小我的概念推向了极致。然而，这种情况并不会长久，当死亡来临时，他占据的这些东西并不会如其所愿地跟随而去，一种“生不带来、死不带去”的感觉多少让人产生幻灭感。简言之，生前越是固执一己之私，占有的东西越多，就越容易陷入无处安身的境地，最终，死亡会击溃他的小我，让他感到恐惧、慌张、无处安身。人在面对死亡的时候，小我是比较容易被打破的，而如果人们此时重新发现他人的自我，发现心中大我之存在，那么，就可以找到摆脱恐惧、缓解焦虑的超越之道。心理学家欧文・D. 亚隆认为，人类面对死亡时有两种基本的对抗方式，一种是相信自己的独特性和神圣不可侵犯，即自己是不死的特例；一种是相信存在终极拯救者，自己可以被终极拯救者拯救[1]。通常，固执己见的人大多是那种相信自己独特性的人，这种人在死亡来临时，心理防线的崩溃会让他们痛苦万分、难以自持。不过，如果人们能够放弃固执己见的想法和做法，发现和承认他人的自我，向大我回归，那么在大我当中，他们仍然可以安顿自己。

1 欧文・D. 亚隆:《存在主义心理治疗》，第 123–150 页。

损我与大道

为学日益，为道日损，损之又损，以至于无为。无为而无不为，取天下常以无事。及其有事，不足以取天下。

——《老子》

人类认识外在世界，从而把外在世界和他人变成自我概念的内容，比如，我的衣服、我的名字、我的车子、我的父母亲、我的成就等等。在我们的认知过程中，自我概念的内容越来越丰富，自我所占有的东西越来越多，自我所向往的东西和想拥有的事物越来越繁杂，诸如我想……我是……我希望……我的……省略号可以被各种东西代替，从而变成无穷无尽的属于自我概念的内容。在这个过程中，人们开始无止境地追逐那可能属于自我概念的内容，人们想要知道的、想要成为的、不断向往的东西越来越多，以至于根本无法停下来，最后，反而招致了意想不到的恶果，诚如庄子所言："吾生也有涯，而知也无涯。以有涯随无涯，殆已！"人类向往新知，对未知充满好奇，想变成不同的样子，对未来充满希望，这原本是纯粹自我的本性使然，其实并无过错，其中的问题在于：当人们不断追逐这些具体的东西，把这些东西变成了自我概念的内容，人类的自我概念便越来越复杂，以至于人们最终忘记了纯粹自我本身。因此，人类需要反思这种方式，防止自身落入这种无穷无尽的追逐过程中；更重要的是：人们需要不断地剔除和剥落那些给自我概念带来重负的东西。这就需要给自我概念减负，或者说“损我”。也就是说，人们可以把任何事物纳入自我概念的范畴，从而把外在世界和他人变成我们的一部分，这本身无可厚非，这也是人类认知和生存发展的正常过程；然而，这并不表示纳入人的自我概念中的东西都是合适的、合理的、有益的。更重要的是：人不能只增加自我概念的内容，而不减少自我概念的内容，因为这样一来，人最终一定会不堪重负，无法正常生活。所谓“损我”就是指人们既接受自我概念内容的增加，同时还自觉地剔除自我概念中不适合或无关紧要的东西，甚至完全放弃自我概念中的具体内容，回到纯粹自我中去。

回到纯粹自我，回到人性最本真的状态，就像老子主张的“复归于朴”“复归于婴儿”，当人们反向而行，不再积极地追逐更多的自我概念内容，不再试图更多地占据外部世界的事物，也不再强行干预他人的生活，从某种意义上说，人的自我开始发生根本转变。人们损益自我概念的内容，在日常生活中质朴而行，此时，人们仿佛不再受到外物或外在世界的牵绊，人与人之间的冲突也可能不见了。这样一来，经过损益的自我概念越来越趋向纯粹自我。不过，虽然自我概念中不少内容可以被损益，但是仍有一些东西不能被损益、不会消解，这些东西就是人们可以依靠的，就是人类赖以生存的，我们姑且把它叫做人类必然要走的道路，或说真、善、美、神圣合一的人类至高之道。也就是说，在损之又损的前提下，自我概念的内容减少了，人们反而获得了解脱，获得了超越性的认知。举个例子，俗语说“无官一身轻”，对于卸任以后不在其位的人来说，不用再承担相应的岗位责任，人自然轻松许多，这其实就是人们从官员身份的自我概念中解放出来而发出的感慨；反之，那些不断攫取权力、抓住权柄不放的人，是无法感受无官一身轻的愉悦的。

当人们逐渐损益掉那些无关紧要的自我概念内容，并认识和体悟到大道的存在时，收获会远远大于获得一些具体事物。同时，当人们不断地剥落掉自我概念中的内容时，就已经开始通过大道而回归纯粹自我。大道的认知、纯粹自我的回归，仿佛让人们获得了比自然生命更长久的东西，而这种东西正是人们超越生死时必然要寻找的东西。人们损益掉自我概念中的东西，就仿佛死亡夺走人们拥有的东西一样，不过，被损益的这些东西被拿走以后，人们反而获得了更重要、更久远、更真实的东西，这些东西就是能够帮助人们超越生死的途径：大道。

无我与解脱

损益自我概念的内容还只是把自我概念中的具体内容进行删减，还有一种更为彻底的主张，就是消解自我概念的具体内容，否定纯粹自我的活动。这种观点就是无我论。所谓无我，并不是真正摆脱自我，而是主张放弃自我对外部世界的占有，消减自我概念的具体内容；同时，对纯粹自我的活动进行限制，不承认纯粹自我的所有活动都是合理的。走向没有执着、不受自我概念限制的状态是其最终目的。

我们知道，每个人终其一生都在追逐各种东西，把这些东西变成自己的一部分，从而让它们在我们的自我概念中占据一席之地，这就是人们自我的生成过程。

人们在追逐各种东西的过程中，总会遇到得失问题：一些东西求之不得，势必感到痛苦；轻松获得一些东西，又会感到无聊，这种状态在哲学家叔本华看来，即“生命是一团欲望，欲望不满足则痛苦，满足则无聊。人生就在痛苦和无聊之间摇摆”。而所有问题的症结似乎在于人们总是在不断地欲求一些东西，或者说人无限的欲求导致了这种时而痛苦、时而无聊的状态。更进一步说，这种状态是由于人们的自我追求永不停歇、永不满足而导致的。因此，如果人们强行克制自我对这些事物的追求，那么，这些事物就不再是人们自我概念的内容了。不是自我概念要纳入

《遗体：面向明天的十日》

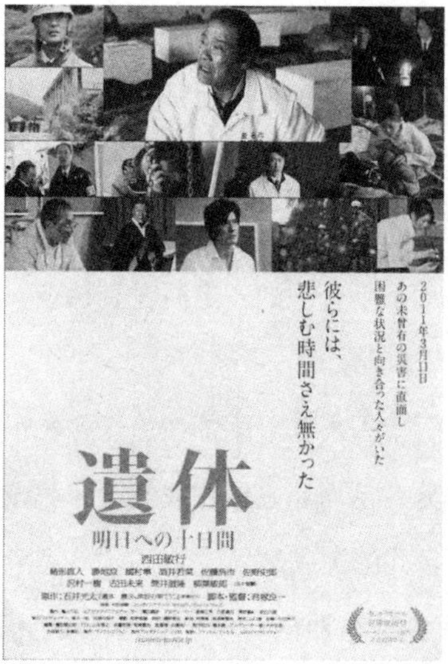

《遗体：面向明天的十日》是由君冢良一执导，石井光太编剧，西田敏行、绪形直人等主演的电影，于2013年2月23日上映。2011年3月11日的14时46分，世界地震观测史上最高震级的大地震突然袭击日本，随之引发海啸，海水淹没街道，造成惨重伤亡，放眼望去，到处是死寂和汪洋。海啸过后，釜石市民众死伤无数，当一具具遗体被运到体育馆这个临时安置点时，恐怖而惨烈的状态让人撕心裂肺。灾难过后，濒死者如何在混乱与悲伤中安息，逝者如何获得起码的尊严，生者如何得到心灵的慰藉，震灾发生后的十日内，釜石市的居民们经受了此生最为难忘的时刻。

的内容，那么，人们自然就不会把它们当成是自我的一部分，也就不存在占有它们了。因此，这种方式釜底抽薪地把一切事物都剥离出了自我概念的范畴。也就是说，任何具体事物都不能算作自我概念的内容，甚至包括我们的身体，也只是暂时拥有。这样一来，世俗中人们追逐各种具体事物，无非就是人的自我试图占有外在世界的努力，如果人们放弃这种努力，不把这些东西当成自我追求的对象，那么，人的自我概念就失去了具体内容。让人无物可求，这是“无我”的第一步。

具体事物不可求，这只是把自我概念的具体内容否定了，然而，潜藏在人们心中的那个能思考、能存在、能希望的纯粹自我却总是要不断实现自身的，因而，“无我”的下一步，当然是否认纯粹自我的活动和各种努力。人可以强行克制自己不追求某种具体的东西，不过，潜藏在人类心底的欲求却是不容易克服的，人们不追求这种东西，就可能追求另外的东西，这种欲求是难以消除的。要想从根底上克服这种欲求，恐怕就只能否认纯粹自我的活动及其价值了。换言之，在“无我论”者看来，由纯粹自我推动的人的思考、欲求、希望并不具有天然的意义。首先，人想要成为什么样子，或许没有那么多可能性，也不应该有那么多可能性，只有某种人格类型是合理的、值得追求的；其次，人的希望并不一定有现实意义，有些不切实际的希望本身就是要去除掉的；最后，人的认知活动无穷无尽，但并不是所有认知活动都是有意义的，求知并不是为了满足人类的好奇心，而是为了达到明了真相、自我解脱的目的。在这种观点看来，人们要彻底放弃纯粹自我的活动，对纯粹自我的活动进行反思和批判。

如果这种观点到此为止，那么，它还远远不够，因为否认纯粹自我的存在及其价值并不能让人们认识到人生的真相，更无法让人们安心地面对死亡。因此，当我们进一步反思，会发现：如果纯粹自我的活动具有某种限制，并且还不是最终的，那么，此时，显然有一种更高层面的思维在观察批判纯粹自我，而这种思维不可能是原来的纯粹自我，而应该是另外一种否认纯粹自我的自我。这种自我在观察纯粹自我的活动，它试图不受纯粹自我的方向和活动的影响，而表现出更高的领悟和认知能力。换言之，批评纯粹自我，依然需要有个内在的批评者，这个批评者应该比纯粹自我更公正、更智慧、更全面。如果人们承认在纯粹自我的批评中有这样一个东西存在，那么，这个自我就对纯粹自我进行了反思和批评。尽管如此，“无我”只是对纯粹自我进行了批判和否认，而不是真的抽掉了能参与思考的自我。此时，更进一步的思考是：如若对纯粹自我进行批评的自我是存在的，那么，这样一种存在就比原来的纯粹自我更高级、更智慧。同时，这样一种存在给我们揭示的宇宙人生的真相应该更加真实、更加可靠。纯粹自我已经是非常可靠的东西，而这种存在比纯粹自我更智慧、更真实，当然有理由让人们相信它更有价值和意义了。不论人们把这样一种存在叫做什么，它依然是个体心灵中显现的东西，因此，我们依然可以把它叫做自我，为了区分起见，我们不妨把它叫做“超越性自我”。当人们真正反思到超越性自我的存在时，人类对自我概念的认知就已经与之前有所不同了。超越性自我的体验让人们觉得，有一种心灵的力量在不断越过世俗短暂存在的事物，同时也在审视人类心灵的纯粹活动。人们追随超越性自我，不断地向人的自我回归，或者说向人的心灵回归。在人的心灵中潜藏着超越生死的钥匙，当人们体验到那超越性的存在时，似乎就从死亡当中超脱出来了。

延伸阅读

邱仁宗:《生命伦理学》，上海：上海人民出版社，1987 年。

[法]萨特:《存在与虚无》，陈宣良等译，北京：生活·读书·新知三联书店，1987 年。

[法]蒙田:《蒙田随笔全集》，潘丽珍等译，南京：译林出版社，1996 年。

[法]迪尔凯姆:《自杀论》，冯韵文译，北京：商务印书馆，1996 年。

杨鸿台:《死亡社会学》，上海：上海社会科学院出版社，1997 年。

孟宪武:《人类死亡学论纲》，西安：陕西人民教育出版社，2000 年。

[美]厄内斯特·贝克尔:《拒斥死亡》，林和生译，北京：华夏出版社，2000 年。

唐君毅:《人生之体验》，桂林：广西师范大学出版社，2005 年。

钮则诚:《生死学》，台北：空中大学出版社，2005 年。

[奥]埃尔温·薛定谔:《生命是什么》，长沙：湖南科学技术出版社，2005 年。

段德智:《西方死亡哲学》，罗来欧、罗辽复译，北京：北京大学出版社，2006 年。

陆扬:《死亡美学》，北京：北京大学出版社，2006 年。

[俄]费奥多尔·陀思妥耶夫斯基:《卡拉马佐夫兄弟》，荣如德译，上海：上海译文出版社，2006 年。

邹宇华:《死亡教育》，广州：广东人民出版社，2008 年。

[美]欧文·亚隆:《直视骄阳：征服死亡恐惧》，北京：中国轻工业出版社，2009 年。

[美]德斯佩尔德等:《最后的舞蹈》，夏侯炳、陈瑾译，北京：中国人民大学出版社，2009年。

[古希腊]柏拉图:《理想国》，顾寿观译，吴天岳校注，长沙：岳麓书社,2010年。

[美]罗洛·梅:《焦虑的意义》，朱侃如译，桂林：广西师范大学出版社，2010年。

[美]查尔斯·科尔、克莱德·内比、多娜·科尔:《死亡课——关于死亡、临终和丧亲之痛》，北京：中国人民大学出版社，2011年。

[法]加缪:《西绪福斯神话》，郭宏安译，北京：新星出版社，2012年。

[美]谢利·卡根:《耶鲁大学公开课：死亡》，贝小戎等译，北京：北京联合出版公司，2014年。

[德]叔本华:《爱与生的苦恼》，陈晓南译，哈尔滨：哈尔滨出版社，2015年。

[美]西蒙·克里切利:《哲学家死亡录》，王志超、黄超译，北京：商务印书馆，2015年。

[美]杰尔姆·格罗普曼:《最好的抉择》，鞠玮婕、邓力译，杭州：浙江人民出版社，2016年。

[德]尼采:《悲剧的诞生》，孙周兴译，上海：上海人民出版社，2018年。

[奥]维克多·弗兰克尔:《活出生命的意义》，吕娜译，北京：华夏出版社，2018年。